2021年度教育部高校思想政治理论课教师研究专项：价值旨归·重构升维：碎片化学习背景下高校思想政治理论课应对策略研究（21SZK10862002）

2023年度广东省高校思想政治教育课题：中国式现代化视阈下高校思想政治教育促进大学生精神富有研究（2023GXSZ141）

2021年广东教育科学规划课题（高等教育专项）：习近平新时代文化育人重要思想研究（2021GXJK042）

广东省教育科学"十三五"规划2020年度项目："融""荣"与共　照鉴未来——港澳大学生新时代爱国主义教育的路径与机制创新研究（2020GXJK270）

思想政治教育研究文库

—

新时代思想政治教育有效性研究

甘子成　著

光明日报出版社

图书在版编目（CIP）数据

新时代思想政治教育有效性研究 ／ 甘子成著．‐‐北京：光明日报出版社，2024.1

ISBN 978‐7‐5194‐7805‐6

Ⅰ．①新… Ⅱ．①甘… Ⅲ．①思想政治教育—研究—中国 Ⅳ．①D64

中国国家版本馆 CIP 数据核字（2024）第 044606 号

新时代思想政治教育有效性研究
XINSHIDAI SIXIANG ZHENGZHI JIAOYU YOUXIAOXING YANJIU

著　　者：甘子成

责任编辑：刘兴华　　　　　　　　责任校对：宋　悦　乔宇佳

封面设计：中联华文　　　　　　　责任印制：曹　净

出版发行：光明日报出版社

地　　址：北京市西城区永安路 106 号，100050

电　　话：010‐63169890（咨询），010‐63131930（邮购）

传　　真：010‐63131930

网　　址：http：//book.gmw.cn

E‐mail：gmrbcbs@gmw.cn

法律顾问：北京市兰台律师事务所龚柳方律师

印　　刷：三河市华东印刷有限公司

装　　订：三河市华东印刷有限公司

本书如有破损、缺页、装订错误，请与本社联系调换，电话：010‐63131930

开　　本：170mm×240mm

字　　数：161 千字　　　　　　　印　　张：13

版　　次：2024 年 1 月第 1 版　　　印　　次：2024 年 1 月第 1 次印刷

书　　号：ISBN 978‐7‐5194‐7805‐6

定　　价：85.00 元

目　录
CONTENTS

绪　　论

一、研究背景

思想政治教育是中国共产党革命、建设、改革和发展取得伟大成就的重要法宝之一。我国始终坚持加强思想政治教育研究，不断巩固国家主流意识形态，从而促进人的自由全面发展。同时，追求"有效性"是思想政治教育的应有之义，加强"有效性"研究是思想政治教育研究的重要课题之一。深入把握中国特色社会主义新时代的理论要求和实践发展，有必要加强思想政治教育的有效性研究。

（一）新时代思想政治教育肩负重大的历史使命

习近平总书记在党的十九大报告中向世界宣告，"经过长期努力，中国特色社会主义进入新时代，这是我国发展新的历史方位"①。我国发展新的历史方位赋予了思想政治教育新的重大历史使命。

1. 充分把握马克思主义的真理力量，巩固马克思主义在意识形态领域的指导地位。党的二十大报告指出："马克思主义是我们的立党立国、兴党兴国的根本指导思想。实践告诉我们，中国共产党为什么能，

① 习近平. 习近平谈治国理政：第3卷［M］. 北京：外文出版社，2020：8.

中国特色社会主义为什么好，归根到底是马克思主义行，是中国化时代化的马克思主义行。"① 新时代思想政治教育需要从理论维度和实践维度充分诠释"马克思主义行"的真谛，充分诠释"中国化时代化的马克思主义行"的历史必然性，让马克思主义的真理之光照亮人们的理想信仰，让马克思主义世界观和方法论引领人们在砥砺奋发中科学把握历史发展的主动性。

2. 坚定中国特色社会主义共同理想，凝聚全国各族人民大团结力量。只有树立共同理想，才能形成共同步调，中国共产党在百年历史进程中取得的伟大成就与坚定共同理想的指引密切相关。中国特色社会主义共同理想根植于实现共产主义远大理想，充分体现以人民为中心的宗旨，成了蕴含在全面建成小康社会基础上实现社会主义现代化和中华民族伟大复兴的美好愿景。新时代思想政治教育要充分诠释中国特色社会主义共同理想和集中体现我国工人、农民、知识分子和其他劳动者、建设者和爱国者的核心利益和根本愿望，具有广泛的社会共识；要增强人们对中国特色社会主义共同理想的信心，推动人们发挥主观能动性，凝聚全国各族人民大团结力量并且将理想变为现实。

3. 加强"四个自信"教育，筑牢实现中国梦的精神支柱。习近平总书记在庆祝中国共产党成立95周年大会上的讲话明确提出了"四个自信"，他指出："全党要坚定道路自信、理论自信、制度自信、文化自信。当今世界，要说哪个政党、哪个国家、哪个民族以够自信的话，那中国共产党、中华人民共和国、中华民族是最有理由自信的。"②"四

---

① 习近平. 高举中国特色社会主义伟大旗帜 为全面建设社会主义现代化国家而团结奋斗——在中国共产党第二十次全国代表大会上的报告［M］. 北京：人民出版社，2022：16.
② 习近平. 习近平谈治国理政：第2卷［M］. 北京：外文出版社，2017：36.

个自信"推动马克思主义理论的丰富和发展，是实现中国梦强大的精神支柱。加强"四个自信"教育，"以全面提升思想政治教育学科话语权"①。新时代思想政治教育要着力开展"四个自信"教育，使人们充分把握"四个自信"的发展过程、本质内涵和价值意蕴，筑牢实现中国梦的精神支柱，推进中国特色社会主义事业向前发展。

4. 培育和践行社会主义核心价值观，凝结全体人民共同的价值追求。社会主义核心价值观是社会主义意识形态的本质体现，代表全体人民共同的价值追求，推动全社会积极培育和践行社会主义核心价值观是国家发展的必然要求。习近平总书记指出："核心价值观的养成绝非一日之功，要坚持由易到难、由近及远，努力把核心价值观的要求变成日常的行为准则，进而形成自觉奉行的信念理念。"② 新时代思想政治教育要讲好关于社会主义核心价值观的故事，诠释好社会主义核心价值观的显著特征，彰显社会主义核心价值观的力量，引领全社会将社会主义核心价值观落细落小落实。

时代不断发展，历史使命不断演进，新的历史使命呼唤新的责任担当。新时代赋予了思想政治教育新的重大历史使命。新时代思想政治教育只有不断地实现和增强有效性，才能与时代发展、与国家进步齐头并进，才能担负起历史使命。因此，在肩负新时代重大历史使命的重要历史关头，加强思想政治教育有效性研究非常具有必要性。

（二）新时代思想政治教育面临重大机遇与挑战

进入中国特色社会主义新时代，我国的国情以及面对的世界局势都发生了深刻的变化。面对形势的深刻改变，新时代思想政治教育既遇到

---

① 蓝天，邹升平．思想政治教育话语体系建设下的"四个自信"[J]．广西社会科学，2019（1）：184-188.

② 习近平．习近平谈治国理政：第 1 卷 [M]．北京：外文出版社，2014：174.

了重大发展机会，又面临新的挑战。

1. 新时代思想政治教育获得强大推动力量。重视思想政治教育工作是党和国家的优良传统，新时代党和国家高度重视意识形态建设为思想政治教育注入强大推动力。党的十八大以来，党和国家都把意识形态工作作为极其重视的工作来抓，强调必须牢牢掌握意识形态工作的领导权、管理权、话语权，巩固马克思主义意识形态的主导地位，巩固全党全国人民团结奋斗的思想基础。思想政治教育是加强意识形态建设的主渠道、主阵地，中央高层通过亲自主持全国高校思想政治工作会议、学校思想政治理论课教师座谈会、到学校调研思想政治理论课建设情况等，身体力行地推动加强新时代思政教育建设。这开创了新时代思想政治教育蓬勃发展的新局面。

我国综合国力的不断提升为思想政治教育注入了强大推动力。改革开放以来，中国经济长期保持高速发展的态势，稳定地处于第二大经济实体地位，实现全面建成小康社会目标，国际地位大幅度提高，综合国力显著增强，比历史上任何时候都更接近实现中华民族伟大复兴。我国的发展进步，为新时代加强思想政治教育提供了重要的保障条件，包括物质基础、政治稳定、人民向心力增强等。同时，我国也明确越是处于经济发展、社会发展的水平，就越需要重视思想政治教育的引领作用，确保发展方向不变、旗帜不变。这使得新时代思想政治教育发展遇到国家富强、民族振兴、人民幸福水平不断提高的大好形势。

马克思主义中国化时代化新的伟大飞跃为思想政治教育注入强大动力。历史事实证明，坚持推进马克思主义中国化时代化是战胜艰难险阻，夺取革命、建设、改革和发展伟大成就的关键。中国共产党不断推进马克思主义中国化时代化，形成一系列重大理论成果。"实践没有止境，理论创新也没有止境。不断谱写马克思主义中国化时代化新篇章，是当代中国共产党人的庄严历史责任。"① 党的十八大以来，马克思主义中国化实现了新发展，形成了习近平新时代中国特色社会主义思想。习近平新时代中国特色社会主义思想为新时代思想政治教育提供了世界观和方法论的基本遵循原则；同时，其指明了新时代思想政治教育的中心任务，即是引领人们深入学习贯彻习近平新时代中国特色社会主义思想，使之成为人们建设新时代、发展新时代的重要思想武器。这使得新时代思想政治教育拥有了最新的理论指引，获得了强大的思想支撑。

2. 新时代思想政治教育需要不断攻坚克难。当前世界正处于百年未有之大变局，这给新时代思想政治教育带来了重大挑战。习近平总书记指出："当今世界的变局百年未有，变革会催生新的机遇，但变革过程往往充满风险挑战。"② "两种制度竞争加剧""东西方竞争加剧""国际矛盾增多""科学技术发展日新月异"是世界百年未有之大变局的重要特点，这使我国意识形态建设面临"大国竞争泛意识形态化风险、西方意识形态联盟对抗风险、意识形态妖魔化污名化风险、颜色革命风险和错误社会思潮消解主流意识形态风险"③ 等。世界百年未有之大变局导致意识形态风险增加是新时代思想政治教育需要面对和化解的重大难题。

国内发展遇到的新问题给新时代思想政治教育带来了重大挑战。一是由于受我国经济体量日益增大、经济结构的调整、经济增长方式的转变、人口红利的减弱、国际竞争加剧等因素影响，我国面临经济发展速

---

① 习近平．高举中国特色社会主义伟大旗帜 为全面建设社会主义现代化国家而团结奋斗——在中国共产党第二十次全国代表大会上的报告 [M]．北京：人民出版社，2022：18.

② 习近平．习近平谈治国理政：第 3 卷 [M]．北京：外文出版社，2020：455.

③ 魏志奇．世界百年未有之大变局下的意识形态风险及其防范 [J]．马克思主义研究，2022（7）：130-139.

度放缓的问题。这给社会心理带来冲击，给人们思想带来困扰，给新时代思想政治教育增加难度。二是我国坚定不移地推进全面深化改革，当前的改革已进入攻坚期和深水区，已经触动到一些深层利益关系。而随着利益关系的变动、调整和紧张，会引发人们社会心理和思想意识的波动甚至是冲突，给新时代思想政治教育增加难度。三是伴随网络信息技术迅猛发展，网络已经成为人们的工作和生活重要方式，网络思想政治教育任务需不断加强。而网络世界存在鱼龙混杂，信息五花八门、良莠不齐等问题，会对人们的思想观念产生一系列的消极影响，同时正在深刻改革人们的学习方式和认知方式，给新时代思想政治教育增加难度。

党内面临的突出矛盾和问题给新时代思想政治教育带来了重大挑战。一是党内存在对坚持党的领导认识模糊、相对乏力的问题，存在落实党的领导弱化、虚化、淡化的问题，这将加大弱化新时代思想政治教育领导力量的风险、弱化新时代思想政治教育地位的风险。二是一些地方和部门"四风主义"屡禁不止，特权现象较为严重、一些贪腐问题触目惊心，这会加大弱化新时代思想政治公信力的风险、弱化新时代思想政治教育效果的风险。三是拜金主义、享乐主义、极端个人主义和历史虚无主义等错误思潮时不时出现，这会增加新时代思想政治教育干扰的因素，增加新时代思想政治教育难度。

面对机遇，如何才能更好地把握，将机遇转化为现实效果，这必然要求增强思想政治教育有效性。面对挑战，如何才能更好地化解，将挑战转化为行为动力，这必然要求增强思想政治教育有效性。坚持增强"有效性"是新时代思想政治教育抓住机遇、化解挑战的根本方法。因此，从学术层面加强新时代思想政治教育有效性研究具有重要意义。

（三）新时代思想政治教育有效性研究的可行性

新时代思想政治教育有效性研究具有重要的学术背景。一方面，学术界重视思想政治教育有效性研究，从而产生了不少成果，为新时代思想政治教育有效性研究奠定了基础；另一方面，随着时代发展，新时代思想政治教育面临新的问题，关于有效性研究存在较大的学术增长点。

1. 新时代思想政治教育有效性研究具有学术基础。关于思想政治教育有效性研究的学术成果颇多。中国国家数字图书馆显示，以"思想政治教育有效性"题名相关的图书有 24 种，包括在沈壮海著的《思想政治教育有效性研究》（武汉大学出版社，2008 年）、胡心红著的《思想政治教育有效性与方法论研究》（人民出版社，2019 年）、王强著的《新时期加强思想政治教育有效性研究》（人民出版社，2018 年）、杨帆著的《大学生思想政治教育有效性研究》（现代教育出版社，2016 年）、王培振著的《思想政治教育有效性与实效性的双重思考》（光明日报出版社，2016 年）等。中国知网数据库显示，截至 2022 年 12 月 31 日以"思想政治教育有效性"为主题的文献有 1696 条，其中包括学术期刊文献数 1151 条、学位论文数 206 条、会议文献数 20 条、报纸文献数 1 条、学术辑刊文献数 2 条、图书文献数 1 条。

学术界关于思想政治教育有效性研究呈现出四大特点。一是在学术期刊发表的重要文献比较多，北大核心期刊文献、CSSCI 期刊文献有 345 条。二是学术研究视角非常广泛，涉及融媒体视角、获得感视角、认知科学视角、接受理论视角、灌输理论视角、协同理论视角、需要理论视角、生命教育视角、人文关怀视角，等等。三是学术研究主题非常多元，涉及价值意义主题、思想内涵主题、评价标准主题、制约因素主题、提升思路主题，等等。四是重视实践性研究，一些学者致力探索提升有效性的实践路径，这主要包括基于教育者维度有效性提升、受教育者维度有效性提升、环境维度有效性提升、教育语言维度有效性提升等一系列代表性观点。①

2. 新时代思想政治教育有效性研究具备学术空间。世界长期处于变动之中，教育者的变化、教育环境的变化、教育对象的变化、教育内容的变化、教育手段的变化是必然发生的，因而关于思想政治教育有效性研究需要因时而变，具有长期持久研究的必要性。例如，在大数据技术在我国社会各个领域广泛应用的背景下，大数据技术与思想政治教育深度融合发展已经成为教育改革新的趋势。按照传统思想政治教育方式已很难适应大数据技术发展的要求，所以新的背景下有效性问题就会突显出来。这也就会产生出大数据技术背景下提高思想政治教育有效性的学术研究空间。显然，在新时代条件下关于思想政治教育有效性研究会与时俱进地产生新的学术研究空间。

尽管一些学者努力探索思想政治教育有效性的课题，并且取得了重大成果，但是关于思想政治教育有效性研究的问题并不会穷尽，仍然会存在一些关键问题、一些薄弱环节，值得学术界继续深入探索，包括关于理论基础研究广度不足、深度不够，关于整体性、系统性研究相对缺乏，关于实证性和动态分析研究比较薄弱、关于国外借鉴性研究成果较少、针对实践发展的前沿问题研究较少，等等。

关于思想政治教育有效性研究取得的学术成果，是新时代进一步加强思想政治教育有效性研究的基础，奠定了新时代思想政治教育有效性研究重要条件。关于思想政治教育有效性研究具有的学术空间，是新时代进一步加强思想政治教育有效性研究的着力点，体现了新时代思想政治教育有效性研究意蕴的重要价值。因此，关于思想政治教育有效性研究现状是推进新时代思想政治教育有效性研究的重要学术背景。

---

① 翟梦佳. 思想政治教育有效性研究综述 [J]. 哈尔滨学院学报，2020，41 (11)：140-144.

二、研究意义

恩格斯指出："社会一旦有技术上的需要，则这种需要就会比十所大学更能把科学推向前进。"① 社会需要反映意义、突出价值，赋予开展研究的动力。新时代思想政治教育有效性研究既是一个理论需要，又是一个实践需要，它蕴含丰富的理论意义和实践意义。这是推动新时代思想政治教育有效性研究的重要动力。

（一）丰富思想政治教育的理论体系

思想政治教育有着自身的理论体系。"思想政治教育学的理论体系是根据思想政治教育的研究对象和任务来确定的。思想政治教育学是研究人的思想形成、变化、发展的特点和规律的研究，所以，它的理论体系也不会超出这个范围。"②"有效性"研究是思想政治教育理论体系的重要范畴。新时代思想政治教育有效性研究能在四个方面丰富思想政治教育的理论体系。一是新时代思想政治教育有效性研究是以中国共产党百年思想政治教育历史为基础，是以习近平总书记关于思想政治教育重视论述的精神作为指引，有利于增强思想政治教育理论体系的历史底蕴和思想指导。二是新时代思想政治教育有效性研究的重点随着时代变化而发展，具有着力解决确定时代问题的特点，有利于思想政治教育理论体系直面现实问题，更具有现实针对性、实践性。三是"有效性"的实现必须建立在遵循客观规律的基础上，所以新时代思想政治理论有效性研究是有利于充分把握思想政治教育规律，使思想政治教育理论体系

---

① 中共中央马克思恩格斯列宁斯大林著作编译局. 马克思恩格斯全集：第39卷［M］. 北京：人民出版社，2007：53.
② 孙爱春，牛余凤. 思想政治教育原理与方法［M］. 北京：光明日报出版社，2018：13-14.

具有更加完备的科学性。四是新时代思想政治教育有效性研究是以系统思维而展开的研究，既注重整体性把握，又重视具体问题的深入探讨，有利于思想政治教育理论体系更加完备。

（二）推进思想政治教育的改革创新

综观当代中国发展，改革创新是当代中国最突出、最鲜明的特点。思想政治教育工作是国家发展的重要方面，始终需要紧跟国家发展大局，坚持推进改革创新。新时代思想政治教育有效性研究有利于推进思想政治教育改革创新。一是有利于明确思想政治教育改革创新的重要目标——增强有效性。其有效性具体表现为：坚持围绕中心、服务大局，不断丰富工作内容，拓展工作阵地，为实现中华民族伟大复兴提供强有力的思想保证、舆论支持、精神动力和文化条件。二是有利于探索思想政治教育改革创新的方法策略。新时代思想政治教育有效性研究将深入探索影响思想政治教育有效性的逻辑机理、影响因素等方面，为制定思想政治教育改革创新的方法策略指明方向。三是有利于推进思想政治理论课改革创新。思想政治理论课是开展学生思想政治教育的主阵地、主渠道，是实现立德树人的关键课程。新时代思想政治教育能否具备有效性，关键要看思想政治理论课是否具有教学有效性。因此，新时代思想政治教育有效性研究具有为思想政治理论课注入改革创新动力的功能。

（三）彰显思想政治教育的时代意义

加强新时代思想政治教育有效性研究蕴含三方面的意义：一是蕴含新时代思想政治教育实事求是的精神态度。对"有效性"研究，表明新时代思想政治教育坚持理论与实践相统一的价值导向，坚决杜绝形式主义的风气，真切地追求实际教育效益，为推进建设社会主义现代化强国提供思想力量。二是蕴含新时代思想教育以实现人的自由而全面发展的价值旨归。马克思指出："代替那存在着阶级和阶级对立的资产阶级旧社会的，将会是这样一个联合体，在那里，每个人的自由发展是一切人的自由发展的条件。"① 个人自由而全面发展是我国社会追求的重要目标。对"有效性"研究，表明新时代思想政治教育以人为本的宗旨，为促进人的自由全面发展服务。三是蕴含维护社会和谐发展的理想图景。我国当前正处于深刻的变革期、转型期，经济结构纵深变革、共同富裕步伐加速迈进、人民对美好生活的向往日益强烈、社会关系面临重大变革、利益格局面临深刻调整、思想观念面临深刻改变，深层次矛盾逐渐显现。在这种背景下，维护社会和谐发展大局显得格外重要。对"有效性"研究，表明新时代思想政治教育是以解决实际问题为着力点，引导人们正确认识存在的现实问题和矛盾，在化解社会矛盾和促进社会和谐发展中发挥积极作用。这三方面的价值充分彰显出思想政治教育的时代意义。

（四）助力培养担当复兴大任的时代新人

党的二十大报告指出："全党要把青年工作作为战略性工作来抓，用党的科学理论武装青年，用党的初心使命感召青年，做青年朋友的知心人、青年工作的热心人、青年群众的引路人。"② 新时代思想政治教育的战略性工作就是抓好青年的教育，而新时代思想政治教育有效性充分体现在对青年的思想引领之中，助力青年成长成才。新时代思想政治教育有效性研究有助于引领青年立大志，将崇高的理想信念定位于实现

---

① 中共中央马克思恩格斯列宁斯大林著作编译局. 马克思恩格斯文集：第39卷［M］. 北京：人民出版社，1974：198.

② 习近平. 高举中国特色社会主义伟大旗帜 为全面建设社会主义现代化国家而团结奋斗——在中国共产党第二十次全国代表大会上的报告［M］. 北京：人民出版社，2022：71.

中华民族伟大复兴的中国梦之中，努力投身于社会主义现代化强国建设之中。新时代思想政治教育有效性研究有助于引领青年明大德，将青春和激情注入践行和培育社会主义核心价值观的行动之中，努力使自己成为品德高尚的人。新时代思想政治教育有效性研究有助于引领青年成大才，把聪明勤奋用于丰富学识、增长见识、掌握本领之中，努力为国争光、为民造福。新时代思想政治教育有效性研究有助于引领青年担大任成大才，把个人的前途命运与国家、民族的前途命运紧紧地联系在一起，在尽责集体、服务社会、奉献祖国中实现自己的人生理想和人生价值。

三、研究思路

本书以新时代思想政治教育有效性研究为主旨，遵循"六位一体"的研究思路。具体而言，就是根据对新时代思想政治教育有效性研究的整体思考和目标追求，确定了六个研究论域，它们分别是"基础论域：思想政治教育有效性的相关范畴""历史论域：思想政治教育有效性的历史回溯""问题论域：思想政治教育有效性的现实挑战""本质论域：思想政治教育有效性的基本规律""方法论域：思想政治教育有效性的主要策略""时代论域：思想政治教育有效性的创新发展"。这六个论域环环相扣，体现出严密的逻辑性、科学的系统性，能充分实现新时代思想政治教育有效性研究的目标。

本书的第一部分为"基础论域"。这部分将重点探讨新时代思想政治教育有效性的相关范畴，包括内涵分析、特征透视、价值把握、影响因素等基础性、理论性的内容，阐释研究的基本问题，夯实研究的理论基础、思想基础。

本书的第二部分为"历史论域"。历史是最好的教科书，"了解历史才能看得远，理解历史才能走得远"①。本部分将重点研究中国共产党百年思想政治教育有效性探索的实践和经验，为新时代思想政治教育有效性的探索提供历史借鉴。

本书第三部分为"问题论域"。毛泽东同志在新民主主义革命时期指出："认清中国的国情，乃是认清一切革命问题的基本依据。"② 同样的道理，认清现状，把握问题是探索新时代思想政治教育有效性的基本依据。本部分将重点研究新时代思想政治教育有效性面临的挑战，为后面寻找提升路径奠定基础，真正做到"有的放矢"，并且有针对性地解决现实问题。

本书第四部分为"本质论域"。本质体现事物的根本性质，是构成事物的诸要素之间的内在联系。只有把握本质，才有可能掌握事物变化发展的规律，为实践提供科学指导。这一部分将重点分析影响思想政治教育发展的相关因素，探索新时代思想政治教育有效性的规律，为提高新时代思想政治教育的有效性指明努力方向。

本书第五部分为"方法论域"。方法论的功能是说明"怎么办"，指导人们将用什么样的方式、方法来观察事物和处理问题。本部分主要探索思想政治教育有效性的实现策略，具体从教育环境、教育主体、教育内容、教学话语、教育机制、教育评价等方面进行探索，尝试找到提升有效性的重要方法。

本书第六部分为"时代论域"。在时代的不断演进中，社会出现了一些新情况、一些新变化要求思想政治教育必须不断地进行改革创新才能始终保持有效性。依据新时代环境呈现出的一系列特质，探索思想政治教育有效性要充分立足于信息化社会产生的影响，在开展文化育人，

① 习近平.习近平谈治国理政：第3卷［M］.北京：外文出版社，2020：511.
② 毛泽东.毛泽东选集：第2卷［M］.北京：人民出版社，1991：633.

应对碎片化学习、大数据技术、人工智能发展等情况中实现创新发展。

四、研究方法

（一）文献研究法

牛顿说过："如果说我比别人看得更远些，那是因为我站在了巨人的肩上。"显然，吸收前人研究成果是进行学术研究必不可少的条件。新时代思想政治教育的有效性研究主要是通过文献研究法来吸引前人研究成果。文献研究法即是基于研究主题对收集到的文献资料进行查阅、整理、归类分析，从中得到客观结论的研究方法。在文献研究法的指引下，本书的写作首先通过图书馆、互联网、电子数据库等载体进行相关文献的收集。其次，对收集来的文献进行归类、整理、汇编，为进一步研读学习做好充分准备。最后，对梳理过的文献进行学习研读，将丰富的文献资料进行去粗取精、去伪存真、由此及彼、由表及里的处理加工，从而形成较为深入的认识。

（二）系统研究法

系统研究法，是指把研究对象放在系统的结构中，从系统观点出发、运用系统思维方式，从系统和要素之间、要素和要素之间、系统和环境之间的相互联系和相互作用的关系中整体、准确地开展研究的思维方法。新时代思想政治教育有效性研究重视采用系统研究法。一是把新时代思想政治教育视为一个有机系统，对影响思想政治教育有效性规律、影响要素、实践路径等进行深入研究，从而在整体视角对新时代思想政治教育有效性展开研究。二是将新时代思想政治教育作为教育系统中的一个子系统、作为社会系统的一个子系统，分析社会与新时代思想政治教育关系，从而从社会系统的视角对新时代思想政治教育有效性展开研究。

（三）理论与实践统一研究法

坚持理论与实践相统一是马克思主义认识论的根本要求。实践是理论的来源，是理论发展的动力，是理论的目的，更是理论的检验标准；理论来源于实践，对实践具有能动的反作用。学术研究要注重把握理论与实践的辩证关系，善于运用理论与实践相统一的研究。新时代思想政治教育有效性研究既是重要的理论课题，更具有鲜明的实践特点。新时代思想政治教育的有效性研究不能仅仅停留在理论层面的逻辑推演和理论层面的方法建构，而是应该经过理论与实践相统一的研究，为提升新时代思想政治教育有效性提出行之有效的实践方法，并且在实践中检验其科学性和合理性。本书以理论探讨为基础，以实践应用为着眼点，在理论与实践相统一的过程中探索新时代思想政治教育有效性的课题。

（四）历史与逻辑统一研究法

历史与逻辑相统一的研究法是研究事物发展规律的唯物辩证思维方法之一。这一方法蕴含的核心要义是指在认识事物的过程中，要把对事物历史过程的考察与对事物内部逻辑的分析有机地结合起来，逻辑的分析应以历史的考察为基础，历史的考察应以逻辑的分析为依据，历史与逻辑两者相得益彰，以达到客观、全面地揭示事物的本质及其规律的目的。新时代思想政治教育有效性研究坚持历史与逻辑相统一的研究方法。本书坚持以历史的眼光考察中国共产党思想政治教育追求有效性的历史实践和历史影响，逻辑分析新时代提升思想政治教育有效性的本质和规律。这既注重思想政治教育实践在不同历史时期的具体表现，又要能以此为基础总结主要历史特征，揭示发展规律，凝结实践经验，为新时代提升思想政治教育有效性指明方向、提供基本遵循。

第一章　基础论域：新时代思想政治教育 有效性的相关概念范畴

对新时代思想政治教育有效性研究，首先要明晰相关概念范畴，奠定研究的基础条件。所以，本章的内容定位是"基础论域"。本章研究主旨是对"新时代""思想政治教育""思想政治教育有效性"进行基础性分析，把握它们的基本概念、基本特征、基本价值、理论依据及影响因素等方面。

一、新时代的基本意蕴

新时代是"新时代思想政治教育有效性研究"的基本语境、时代场域，所以有必要对"新时代"形成基础性认识，并且分析它与思想政治教育发展具有的关联性。

（一）新时代的基本内涵

当前在我国话语体系中，"新时代"不是一般意义的"新时代"，而是具有特定指向的"新时代"，即指"中国特色社会主义新时代"。党的十九大报告明确宣告我国进入中国特色社会主义新时代，并且通过"三个意味"阐释了新时代的内涵：一是意味着近代以来久经磨难的中华民族迎来了从站起来、富起来到强起来的伟大飞跃，迎来了实现中华民族伟大复兴的光明前景；二是意味着科学社会主义在二十一世纪的中国焕发出了强大的生机活力，在世界上高高举起了中国特色社会主义伟大旗帜；三是意味着中国特色社会主义道路、理论、制度、文化不断发展，拓展了发展中国家走向现代化的途径，给世界上那些既希望加快发展又希望保持自身独立性的国家和民族提供了全新选择，为解决人类问题贡献了中国智慧和中国方案。

同时，党的十九大报告又从"历史性""实践性""人民性""世界性"进一步规定了新时代的特征。从历史性规定，新时代是承前启后、继往开来、在新的历史条件下继续夺取中国特色社会主义伟大胜利的时代；从实践性规定，新时代是决胜全面建成小康社会，进而全面建设社会主义现代化强国的时代；从人民性规定，是全国各族人民团结奋斗、不断创造美好生活、逐步实现全体人民共同富裕的时代，是全体中华儿女勠力同心、奋力实现中华民族伟大复兴中国梦的时代；从世界性规定，新时代是我国日益走近世界舞台中央、不断为人类做出更大贡献的时代。

（二）新时代的多维理解

新时代的概念作为中国共产党重大政治论断的核心概念，具有厚重的思想意蕴，需要进行多维度理解，促进对其内涵的全面把握。

1. 新时代是马克思主义时代观的创新发展。时代问题是全局性、根本性、稳定性的问题，是最高层次的战略判断。马克思主义时代观充分肯定了"生产方式和社会制度的变革是时代变迁的基本标志。社会阶级分析、实践性、策略性、革命进取精神是马克思主义时代观的基本特点"①。俄国十月革命以来，列宁、斯大林等人对于世界所处时代的性质进行了深入探索，并提出了关于时代的重要定义。在我国革命、建设、改革和发展的各个时期，毛泽东、邓小平、江泽民、胡锦涛等党和国家领导人继承和发展马克思主义时代观。党的十八大以来，习近平总书记站在新的历史起点、新的历史高度，提出了"中国特色社会主义进入新时代"的论断，是马克思主义中国化时代化的反映，是中国马克思主义时代观新的伟大飞跃。所以，新时代植根于马克思主义时代观的立场、观点和方法，是马克思主义时代观的最新发展。

2. 新时代立足于我国的基本国情。新时代是基于改革开放以来特别是党的十八大以来我国取得历史性成就和发生伟大历史性变革的国情而提出来的。经过长期发展，我国综合国力、国际影响力大幅度提升，全面构建高质量发展格局，全过程充分体现人民民主，党的建设新的伟大工程取得显著成效，人民获得感、幸福感、安全感得到全面提高，这为进入新时代奠定坚实基础。但是，我国发展依然面临着新旧矛盾交织、先进与落后并存的问题。新时代是基于对我国存在发展不平衡不充分问题而提出来的。对新时代的认识，要清醒地把握我国仍处于并将长期处于社会主义初级阶段，我国仍然是世界最大发展中国家，我国发展面临区域不平衡、领域不平衡和群体不平衡问题等挑战的基础国情。我国现阶段的国情表明，新时代必须坚持党的基本路线不动摇，既不能"左"，又不能"右"，而是要实事求是地稳步发展。

3. 新时代蕴含我国发展的美好愿景。从总体而言，新时代蕴含了我国全面建成社会主义现代化强国，以中国式现代化全面推进中华民族伟大复兴的美好愿景。具体分析，对我国国内发展的美好愿景是坚持中

---

① 王金存. 试论马克思主义的时代观 [J]. 高校理论战线，2005（4）：37-41.

国特色社会主义，实现高质量发展，发展全过程人民民主，丰富人民精神世界，实现全体人民共同富裕，满足人民美好生活的需要，促进人与自然和谐共生；对世界发展的美好愿景是和平、发展、公平、正义、民主、自由的全人类共同价值，为世界和平发展贡献力量，推动构建人类命运共同体，创造人类文明新形态。新时代蕴含的美好愿景为我国发展指明了方向，为世界发展贡献了智慧。

4. 新时代蕴含伟大意义。新时代蕴含中华民族伟大复兴迎来光明前景的伟大意义。中华民族是人类史上最伟大的民族之一，曾经长期领先于世界。但是，随着西方国家率先开启工业革命并确立资本主义制度，中华民族在生产力发展和社会制度方面等开始落后于时代，并且遭到列强侵略，经受过"落后挨打的命运"。中华民族久经磨难，最终找到了马克思主义，成立了中国共产党，民族复兴才终于迎来了曙光。一代又一代的中国共产党人高举社会主义和共产主义的旗帜，不断前进、勇于创新，开辟了具有中国特色的新民主主义和社会主义革命道路、具有中国特色的社会主义发展道路，取得了革命、建设、改革和新时代的伟大成就，创造了一个又一个人间奇迹，中华民族伟大复兴迎来了光明前景。新时代蕴含的为世界社会主义运动迎来新的希望的伟大意义。中国特色社会主义进入新时代，不仅是中华民族发展史上的一件大事，而且是世界社会主义运动史上的一次壮举，有力地打破了所谓的"共产主义失败论""历史终结论"，有力地回击了"社会主义低潮综合征"的论调，证明了科学社会主义的正确性和社会主义制度的优越性，开创了世界社会主义运动从低谷走向复苏的新局面。新时代蕴含发展中国家走向现代化有了新的选择的伟大意义。过去西方现代化模式主导世界发展，资本主义制度的非正义性，让许多资本主义国家掉进了现代化的陷阱。中国式现代化超越了西方现代化模式，"拓展了发展中国家走向现代化的途径，给世界上那些既希望加快发展又希望保持自身独立性的国家和民族提供了全新选择"①。

（三）新时代与思想政治教育关系

对"新时代思想政治教育有效性研究"要把握好"新时代"与"思想政治教育"两者之间的逻辑关系，推动研究的合理性、科学性。"新时代"与"思想政治教育"之间密切联系，科学地把握两者会产生相得益彰的共赢效应。

1. 新时代是思想政治教育的立足点。新时代是我国发展的宏观背景、根本特征，是当前思想政治教育新的"站立点"。假如离开了新时代这个"站立点"，思想政治教育就失去了战略据点。新时代的生动实践、鲜活的经验为思想政治教育提供了系统性的支撑。只有立足新时代、适应新时代、服务新时代，思想政治教育才能明确方向，才能获得动力，才能取得成效，才能体现价值。

2. 思想政治教育为新时代服务。思想政治教育作为上层建筑的组成部分，承担为经济基础服务的责任。当前思想政治教育紧紧围绕新时代中心工作而开展，推动中国特色社会主义新时代进一步发展。所以，思想政治教育承担着向人们宣传教育新时代内涵、目标、意义等任务；思想政治教育肩负着引领人们深入学习和贯彻习近平新时代中国特色社会主义思想的责任；思想政治教育担负着化解人们在新时代面临思想冲击、价值冲突、实践难题等挑战的职责；思想政治教育承担着促进人们为完成新时代历史任务而凝心聚力的使命。

---

① 中共中央关于党的百年奋斗重大成就和历史经验的决议［M］．北京：人民出版社，2021：64．

二、思想政治教育的基本意蕴

思想政治教育是不以人的意志为转移的客观存在的社会实践活动。在不同的历史时期、不同的国家社会，尽管对"思想政治教育"的称谓有差异，但是它作为统治者进行阶级教育、巩固阶级统治的实践活动来说是普遍客观存在的。人们对思想政治教育实践的不断深化与认识，从实践到理论的升华，形成相关的学科体系、理论体系。对新时代思想政治教育的有效性研究有必要进行相关理论的基础性认识。

（一）思想政治教育的概念认知

思想政治教育的概念认知，是开展思想政治教育相关研究的最基础环节。认知思想政治教育的概念需要立足历史与逻辑相统一的辩证思维，既要考察思想政治教育概念的形成历史，又要深入把握思想政治教育概念的核心要义和丰富内涵。

1. 思想政治教育概念演进。"思想政治教育这个概念是在实践中约定俗成的，它的提出和演变有一个历史过程。"[①] 我国思想政治教育概念的形成根源于马克思主义立场、观点和方法，体现了中国共产党人对思想政治教育工作的重视和探索，反映了中国共产党人在意识形态建设方面的智慧结晶。

思想政治教育概念的最初形态是马克思、恩格斯语境中的"宣传工作"。马克思、恩格斯没有明确提出思想政治教育概念，但是他们使用"宣传工作"的概念实质蕴含思想政治教育概念的意义。1847年马克思、恩格斯共同起草的《共产主义者同盟章程》明确提出，参加同

[①] 张耀灿，郑永廷，刘书林，等. 现代思想政治教育学［M］. 北京：人民出版社，2001：2.

盟的每个成员都要"具有革命毅力并努力进行宣传工作"①。刘少奇曾对"宣传工作"这一概念进行解释，认为宣传工作就是思想工作。然而，实质上宣传工作不能等同思想政治教育，宣传工作只是思想政治教育的重要内容，在无产阶级革命初期是思想政治教育的核心工作。恩格斯还多次提到"宣传鼓动"的概念，他指出："一个人数众多的新政党几年的工夫就在'人民宪章'的旗帜下形成了，它不遗余力地进行宣传鼓动。"② 马克思、恩格斯还使用过"理论教育"的概念，例如1890年，恩格斯在给左尔格的信中明确表示，革命运动发展最快的地方，"当然是一部分无产阶级已经组织起来并且受过理论教育的地方"③。总的来说，"宣传工作""宣传鼓动""理论教育"等概念是思想政治教育概念在马克思、恩格斯语境下的"原生形态"，与现代意义的"思想政治教育"概念有很大的差别，但是这些概念也充分地体现出马克思、恩格斯对思想政治教育工作的重视，蕴含了马克思、恩格斯对思想政治教育工作的立场、方法和观点，为思想政治教育概念的形成提供了养分。

列宁提出"政治工作""政治教育工作"的概念。在《怎么办》一文中，列宁明确要求，"社会民主党人不但不能局限于经济斗争，而且不能容许把组织经济方面的揭露当作他们的主要活动。我们应当积极地对工人阶级进行政治教育，发展工人阶级的政治意识"④。列宁进一

---

① 中共中央马克思恩格斯列宁斯大林著作编译局. 马克思恩格斯全集：第 4 卷 [M]. 北京：人民出版社，1958：572.

② 中共中央马克思恩格斯列宁斯大林著作编译局. 马克思恩格斯全集：第 1 卷 [M]. 北京：人民出版社，1956：560.

③ 中共中央马克思恩格斯列宁斯大林著作编译局. 马克思恩格斯全集：第 37 卷 [M]. 北京：人民出版社，1971：348.

④ 中共中央马克思恩格斯列宁斯大林著作编译局. 列宁选集：第 1 卷 [M]. 北京：人民出版社，1995：342.

步论述，"政治教育究竟应该有哪些内容呢？能不能局限于宣传工人阶级与专制敌对观念呢？当然不能。只能说明工人在政治上受压迫是不够的（正如只向工人说明他们的利益同厂主的利益相对立是不够的一样）。必须利用这种压迫的每一个具体表现来进行鼓动（正如我们已经开始利用经济压迫的具体表现来进行鼓动一样）"[①]。列宁提出"政治工作""政治教育工作"的概念具有重要意义，既明确了教育的阶级属性和政治性质，又突出了思想政治工作是与经济工作具有同样重要地位的一项任务。1934 年斯大林在联共（布）十七大总结报告中，明确提出"思想工作"和"政治思想工作"两个概念，规定了政治思想工作的六项基本任务和内容，并将其纳入国家的政治文化生活和学校教育的轨道。这表明思想政治教育是社会主义国家建设的重要内容。

中国共产党在长期的革命实践和思想政治教育建设中逐渐将思想政治教育概念确定下来并且将其科学化。新民主主义革命时期，党内通常使用"政治工作""思想政治工作"这两个概念。1934 年周恩来提出"政治工作是红军的生命线"这一论断；1937 年 10 月毛泽东同志在《和英国记者贝特兰的谈话》中强调"政治工作"是共产党领导的军队的显著特征；1940 年 3 月在党内首次使用"思想政治工作"概念，强调"维护党的统一，不靠刀枪，要靠纪律；同时，加强思想政治工作，端正路线和方针政策"[②]。从中华人民共和国成立到十一届三中全会，党提出了"思想政治教育"概念。1950 年 2 月中华全国学生联合会第十四届第二次执行委员会扩大会议在北京召开，会议通过了《中国学

---

① 中共中央马克思恩格斯列宁斯大林著作编译局. 列宁选集：第 1 卷［M］. 北京：人民出版社，1995：343.

② 中共中央文献编辑委员会. 陈云文选：第 1 卷［M］. 北京：人民出版社，1995：196.

生当前任务的决议》，第一次提出了"思想政治教育"的概念，但这一概念还没有得到惯常的使用，党内还会使用"思想政治工作""政治工作""政治思想工作"等概念。改革开放以后，思想政治教育概念随着思想政治教育学科的建立而得到真正的明确和规范。1984 年教育部在高校开设"思想政治教育专业"，学科全称为"思想政治教育学"。至此，"'思想政治教育'这一概念就成为规范的术语，思想政治教育逐步走上科学化、规范化发展的轨道"①。总的来说，中国共产党百年党史表明思想政治教育概念的形成大致经历了"政治工作—思想工作—政治思想工作—思想政治工作—思想政治教育"②的演进历程。党确定思想政治教育概念表明，党充分认识到思想政治教育生命线的重要地位，并且在实践中深刻把握思想政治教育的基本规律，为开展思想政治教育工作提供了行动指南。

2. 思想政治教育概念定义。"概念是构成逻辑思维的最基本的单元和形式，是人对客观事物一般、共有特征的抽象概括。"③ 概念的形成，标志人们对客观事物的认识进入一个新阶段，表明人们通过逻辑思维对事物本质实现概括性反映、对事物根本属性实现总体性把握、对事物发展规律形成清晰认识。

学术界关于思想政治教育概念定义有四种类型。第一种是突出"有目的、有计划、有组织地施加影响"的定义。如张耀灿、郑永廷、刘书林、吴潜涛等人认为，"思想政治教育是指一定阶级、政党、社会群体用一定的思想观念、政治观点、道德规范，对其成员施加有目的、

---

① 倪愫襄. 思想政治教育概念的历史演进 [J]. 思想教育研究，2012 (11)：16-19.
② 易艳华. 论"思想政治教育"概念的内涵发展 [J]. 九江学院学报 (哲学社会科学版)，2010，29 (2)：107-109.
③ 周强. 列宁著作汉译过程中的概念意义再生产研究 [D]. 桂林：广西师范大学，2022：16-19.

有计划、有组织的影响，使他们形成符合一定社会、一定阶级所需要的思想品德的社会实践活动"①。这一类型充分肯定了教育者的地位，体现出教育者对教学实践的主导性。第二种是对施加论的反思，突出以"培养""塑造"为实践特色的定义。邱伟光认为，"思想政治教育是培养、塑造一定社会新人思想道德素质的教育实践活动。受社会经济政治文化的制约和影响，包括思想道德教育、政治教育、道德教育"②。这一类型的定义体现出将受教育者地位与社会发展需要结合起来考虑的思维。第三种类型强调通过内心认同而实现"内化"效果的定义。孙喜亭认为，"思想政治教育是教学都按一定的社会要求，通过特定的教育活动，把特定社会的思想和道德规范内化为受教育者的思想意识和道德品质的过程"③。这一类型的定义更强调通过受教育者内心的认可来获得教育的有效性。第四种类型是突出"立足价值而做出引导性实践"的定义。史宏波、谭帅男认为，新时代思想政治教育概念更要强调实践取向，认为"思想政治教育是指一定的阶级或政治集团，为促使社会成员的发展需求与社会主流意识形态的要求相统一，以社会主义核心价值观作为核心的理想信念、价值理念、道德观念，引导其成员改造主客观世界的社会实践活动"④。这一类型的定义突出价值的影响力，通过社会核心价值的吸引力来达成思想政治教育效果。

思想政治教育概念的多种类型定义表明，思想政治教育是一项复杂的实践活动，对其本质的反映、属性把握着重点不同，得出的定义也有

---

① 张耀灿，郑永廷，刘书林，等．现代思想政治教育学［M］．北京：人民出版社，2001：6.

② 邱伟光．思想政治教育学概论［M］．天津：天津人民出版社，1988：1.

③ 孙喜亭．教育原理［M］．北京：北京师范大学出版社，1993：290.

④ 史宏波，谭帅男．"思想政治教育"概念重述与研究范式的转向［J］．思想教育研究，2021（10）：40-46.

差异。概括而言，思想政治教育是由国家意志主导，依据社会发展需要和尊重人的发展需要，以特定的载体、形式和方法，引导人们加强思想学习、政治学习、道德学习，促进人自由全面发展的客观存在的社会实践过程。

3. 思想政治教育概念阐释。尽管关于思想政治教育概念存在几种不同类型的定义，但是在反映本质、把握属性等重要方面具有根本的一致性。人们可以从以下的具体维度来把握思想政治教育的概念。

思想政治教育是国家力量主导和保障的社会实践活动。"思想政治教育是专属国家的。它不仅是阶级和国家产生之后才有的，并且它也是专属国家的，只有国家才能主导思想政治教育的实践。"[1] 思想政治教育实践是伴随国家形成而产生的实践活动，它实施的主体是国家，要依赖于国家权力、政治权威的支持和保障。思想政治教育实践反映国家意志并且以维护国家制度和政权的稳定为目的，所以不同国家的思想政治教育既有共性，又存在个性。思想政治教育作为国家意志反映，也体现出阶级性和社会性，一方面要维护统治阶级的利益，另一方面要考虑社会整体利益，巩固国家统治地位。因而在把握思想政治教育概念中要认识到国家的主导作用。

思想政治教育是坚持以人为本的实践活动。马克思主义理论强调："人类社会是由人在活动中相互之间发生的关系构成的系统，构成这种社会的是具体的、现实的个人。"[2] 人是社会活动的主体，社会活动以人为基础。所以，思想政治教育的实施者是人，实施对象是人，必须坚

---

① 王立仁，姚菁菁. 思想政治教育的内涵解读 [J]. 吉林师范大学学报（人文社会科学版），2016，44（3）：114-118.

② 李秀林，王于，李淮春. 辩证唯物主义和历史唯物主义原理 [M]. 北京：中国人民大学出版社，2004：124.

持以人为本的属性。胡锦涛同志指出，"思想政治教育说到底是做人的工作，必须坚持以人为本。既要坚持教育人、引导人、鼓舞人、鞭策人，又要做到尊重人、理解人、关心人、帮助人"①。在思想政治教育的价值追求之中，人是终极目的，人是各种努力的终极关怀，最终促进人自由而全面地发展。评价思想政治教育效果的标准就在于是否促进人的发展。因而在把握思想政治教育概念中要认清育人为本的属性。

思想政治教育要坚持教育内容的正确性。思想政治教育影响社会发展和人的发展，如果内容出现偏差会直接制约社会发展以及危害人的发展，而只有确保内容的正确性才能保障有效性的实现。"思想政治教育是教育者与受教育者根据社会和自身发展的需要，以正确的思想、政治、道德理论为指导，在适应与促进社会发展的过程中，不断提高思想、政治、道德素质和促进全面发展的过程。"② 在我国，坚持思想政治教育正确性就要坚持马克思主义立场、观点和方法不动摇，就要坚持用马克思主义中国化理论成果武装人们的头脑；就要深入开展党的基本理论、基本路线、基本纲领和基本经验教育；就要加强党史、国史、改革开放史和社会主义发展史、中华民族史教育；就要加强基本国情、形势政策、国家安全教育、劳动教育。因而在把握思想政治教育概念中要把握教育内容的正确性。

（二）思想政治教育的特征透视

思想政治教育作为一项教育活动、作为党和国家事业有其自身特性。关于思想政治教育的特征可以通过以下几方面把握。

1. 思想政治教育的重要性。马克思指出："批判的武器当然不能代

---

① 胡锦涛. 在全国宣传思想工作会议上的讲话 [N]. 人民日报，2003-12-08.
② 教育部思想政治工作司. 大学生思想政治教育理论与实践 [M]. 北京：高等教育出版社，2009：2.

替武器的批判，物质力量只能用物质力量来摧毁；但是理论一经掌握群众，也会变成物质力量。"① 马克思不仅充分肯定科学理论对无产阶级革命的重要作用，而且明确地指出了理论为群众掌握的重大意义。思想政治教育蕴含传播科学理论，让群众掌握科学理论的过程，所以具有重要意义。中国共产党无论是在革命时期，还是在建设、改革和发展各个阶段，始终坚持思想政治教育的"生命线"地位。1932 年 7 月 21 日党在《中央给苏区中央局及苏区闽赣两省委信》中提出了"政治工作不是附带的，而是红军的生命线"②。1956 年毛泽东同志明确提出："政治工作是一切经济工作的生命线，在社会经济制度发生根本变革的时期，尤其是这样。"③ 2021 年 7 月 12 日，中共中央办公厅、国务院办公厅印发的《关于新时代加强和改进思想政治工作的意见》指出："思想政治工作是党的优良传统、鲜明特色和突出政治优势，是一切工作的生命线。"④ 党在各个时期"关于思想政治工作生命线"充分表明思想政治教育具有重要性。

2. 思想政治教育的方向性。思想政治教育工作的方向性，包括党性和群众性两方面。思想政治教育的党性，即是始终要坚持党的领导。1954 年，毛泽东同志明确指出："领导我们事业的核心力量是中国共产党。"⑤ 1962 年，毛泽东同志强调："工、农、商、学、兵、政、党这七个方面，党是领导一切的。党要领导工业、农业、商业、文化教育、

---

① 中共中央马克思恩格斯列宁斯大林著作编译局. 马克思恩格斯选集：第 1 卷 [M]. 北京：人民出版社. 2012：9-10.
② 中央档案馆，中共中央文献研究室. 中共中央文件选集：第 8 卷 [M]. 北京：中共中央党校出版社，1991：310.
③ 中共中央文献研究室. 毛泽东文集：第 6 卷 [M]. 北京：人民出版社，1999：449.
④ 中共中央、国务院印发. 关于新时代加强和改进思想政治工作的意见 [EB/OL]. 2021-07-12.
⑤ 中共中央文献研究室. 毛泽东文集：第 6 卷 [M]. 北京：人民出版社，1999：350.

军队和政府。"① 当代中国共产党领导是中国特色社会主义最本质的特征，是中国特色社会主义制度的最大优势，是党和国家的根本所在、命脉所在。思想政治教育是中国共产党工作的一个重要组成部分，为实现党的路线、方针、政策服务，要始终坚持党的领导，体现明确党性特征。

思想政治教育的群众性，即是始终坚持群众路线。毛泽东同志指出："人民，只有人民，才是创造世界历史的动力。"② 习近平总书记指出："江山就是人民、人民就是江山，打江山、守江山，守的是人民的心。中国共产党根基在人民、血脉在人民、力量在人民。"③ 以人民为中心的发展思想使中国共产党在发展过程中形成并始终坚持"一切为了群众，一切依靠群众，从群众中来，到群众中去，把党的正确主张变为群众的自觉行动"的群众路线。思想政治教育面向群众、走进群众，在群众中发挥好思想政治教育功能；维护广大人民群众根本利益，真切地反映广大人民群众心声和诉求，充分体现出群众性特征。

3. 思想政治教育的意识形态性。意识形态是指"一种自觉反映一定社会集团（在阶级社会就是阶级）经济政治利益的系统化、理论化的思想体系，是一定社会集团、阶级的政治理想、价值标准和行为规范的思想基础"④。思想政治教育本质是一种意识形态活动，它的根本任务是把统治阶级思想和意识形态通过一定的教育方式传播给教育对象，使教育对象的思想价值观念受到影响，并且在现实生活中按照统治阶级意识形态要求办事。具体而言，一是思想政治教育内容包括哲学思想、

---

① 中共中央文献研究室. 毛泽东文集：第8卷［M］. 北京：人民出版社，1999：305.
② 毛泽东. 毛泽东选集：第3卷［M］. 北京：人民出版社，1991：1031.
③ 习近平. 习近平谈治国理政：第4卷［M］. 北京：外文出版社，2022：9.
④ 郑永廷. 社会主义意识形态研究［M］. 广州：中山大学出版社，1999：94.

政治思想、法律思想、道德思想以及渗透了这些思想的历史知识等方面，是意识形态的重要组成部分；二是思想政治教育目的是反映、维护统治阶级的利益，对受教育者的世界观、人生观、价值观产生作用，巩固统治阶级意识形态的主导地位。意识形态是思想政治教育存在的合法性依据、实施的载体依托以及价值的合目的性，因而"意识形态性是思想政治教育最根本的属性"①。

4. 思想政治教育的理论性与实践性。思想政治教育表现出重要的理论性。这是指两方面：一是思想政治教育根源于马克思列宁主义、毛泽东思想和中国特色社会主义理论体系等理论，并且把这些理论作为核心教育内容；二是思想政治教育作为一门学科活动，具有自身的理论规律，包括思想政治教育原理、思想政治教育方法、思想政治教育发展史等理论要素，是一门具有深厚理论性的学科。思想政治教育表现出显著的实践性。这是指：一是思想政治教育的形成是实践结果，充分体现出国家实践、阶级实践需要；二是思想政治教育是为实践服务的，包括维护阶级统治实践合理性，为社会实践提供方向指引和精神引领，为人的发展提供力量支撑和精神滋养等；三是思想政治教育的正确性、有效性需要回到实践检验。"实践是检验真理的唯一检准"，思想政治教育"行不行""好不好"都要在实践中检验。

5. 思想政治教育的发展性。恩格斯指出："世界不是既成事物的集合体，而是过程的集合体，其中各个似乎稳定的事物同它们在我们头脑中的思想映象即概念一样都处于生成和灭亡的不断变化中，在这种变化中，尽管有种种表面的偶然性，尽管有种种暂时的倒退，前进的发展终

---

① 罗仲尤，刘克利. 思想政治教育意识形态属性探析［J］. 思想理论教育导刊，2013（10）：96-100.

究会实现。"① 事物是变化发展的，思想政治教育不是一成不变的，而是具有与时俱进的发展性。从本质上而言，思想政治教育是做人的工作，所以思想政治教育发展性根源于"人的需要"发展。马克思指出："由于人类本性的发展规律，一旦满足了某一范围的需要，又会游离出、创造出新的需要。"② 人的需要会随着政治、经济、社会、文化和科技的发展而发生变化，这为思想政治教育发展提供内在驱动力。思想政治教育发展性体现在教育主体发展、教育客体发展、教育内容发展、教学方法发展、教育环境发展、教育载体发展、教育目标发展、教育评价发展等。

（三）思想政治教育的要素分析

要素是指"构成事物的必要因素"③。"要素"是相对"系统"而言的，要素是系统的要素。思想政治教育是由若干要素相互联系、相互作用构成的复杂系统，这些要素是思想政治教育系统中不可缺少的因素、元素或成分。思想政治教育要素研究是思想政治教育理论研究中的一个基础性问题。

思想政治教育是一种实践活动。辩证唯物主义和历史唯物主义认为，人的实践活动是以改造世界为目的客观过程，是实践的主体与客体之间的相互作用，这种相互作用必须借助于一定的手段、工具，即实践的中介。实践的主体、客体和中介是实践活动的三项基本要素，三者的有机统一构成了实践的基本结构。依据这一原理，从实践的结构出发，

① 中共中央马克思恩格斯列宁斯大林著作编译局. 马克思恩格斯选集：第 4 卷［M］.北京：人民出版社，2012：250.
② 中共中央马克思恩格斯列宁斯大林著作编译局. 马克思恩格斯全集：第 47 卷［M］.北京：人民出版社，1979：259.
③ 中国社会科学语言研究所词典编辑室. 现代汉语词典：第七版［M］. 北京：商务印书馆，2016：526.

思想政治教育具有三个要素：主体要素、客体要素、中介要素。

1. 思想政治教育主体要素。有实践就需要有主体。在现代汉语语境中，"主体"可作三种解释，分别是"事物的主要部分""哲学上指有认识和实践能力的人""法律上指依法享有权力和承担义务的自然人、法人或国家"。在思想政治教育系统中，"主体是在一定社会关系中从事思想政治教育实践和认识活动的人，是在该活动中处于主导和支配地位的因素，是思想政治教育活动的发起者、组织者和承担者，他们具有自然性、社会性和意识性的属性"①。思想政治教育主体具有以下特点：一是思想政治教育主体具备能力素质。他们一般都要接受专门教育训练，并经过一定时间的实践，掌握了一定的理论基础，具有一定的教育经验和能力，能够科学地运用各种教育方法展开教育活动。二是思想政治教育主体有两种类型：一种类型是对思想政治教育进行战略谋划、方针制定、宏观控制、组织协调的各级党组织、政府工作部门与军队、学校、企事业单位、社会团体的领导者和组织者，这是导向性主体；另一种类型是直接面对受教育者，他们是思想政治教育的具体实施者，这是直接落实主体。三是思想政治教育主体对教育活动起关键作用，影响思想政治教育的发展方向、基本理念、运行模式和运作轨迹，对教育效果起决定性作用。

2. 思想政治教育客体要素。马克思主义认为，客体是主体在实践的基础上认识和作用的对象，具有客观性、对象性、可塑性。思想政治教育客体"是指思想政治教育对象，也就是思想政治教育的接受者"②。

---

① 林伯海，周至涯. 思想政治教育主体及其主体性的要素构成新探［J］. 思想教育研究，2011（2）：10-14.

② 孙爱春，牛余凤. 思想政治教育原理与方法［M］. 北京：光明日报出版社，2018：22.

思想政治教育客体具有以下特点：一是受动性与主动性并存。在思想政治教育活动中，客体受到主体的引领，处于一定的受教和服从地位；另外，受教育者对内容接受具有选择性和主动性，并且要将思想政治教育内容"内化于心，外化于行"需要尊重和发挥客体的主观能动性。二是主体与实体的地位是相对的，没有绝对的主体，也没有绝对客体，要辩证地看待客体角色和地位。三是思想政治教育是改善人的思想政治品德素养和行为的活动和过程，所以教育客体的思想政治品德素养和行为是教育行动作用的重要方面。"教学相长"，思想政治教育主体与客体构成"教"与"学"的关系，教与学的分离，难以取得教育效果，只有教与学配合，思想政治教育才能有效进行。

3. 思想政治教育中介要素。"中介"具有"媒介"的含义，是指在不同事物之间或者在同一事物的不同部分之间起媒介环节的作用。"思想政治教育中介是能够使教育者主体和受教育者客体之间相互联系和相互作用的媒介、关系、载体、组织、内容、方法等中间环节。"[①]思想政治教育中介要素包括以下几种类型：一是载体中介，即是承载和传递思想政治教育信息的工具，有物质载体、文化载体、环境载体等分类；二是组织中介，即是按一定的目的和系统组织起来的团体；三是内容中介，即是承载和传递思想教育、道德教育、政治教育、法律教育的内容信息等；四是关系中介，即是使思想政治教育不同部分能建立起来的相互联系，包括教育者之间的关系、受教育者之间的关系、教育者与受教育者之间的关系、教育者和受教育者与环境的关系等。思想政治教育中介具有重要价值：一是在思想政治教育主客体之间起到分离和联结功能，即是借助语言、概念、逻辑等中介实现学情分析，同时依赖中介

---

① 邵献平．思想政治教育中介的特征及其构成要素［J］．郑州航空工业管理学院学报（社会科学版），2006（1）：7-10.

作用于教育对象，从而实现教育目标；二是在思想政治教育主客体之间的相互作用过程中发挥传递和转换功能，即是通过中介使教育主客体之间获得相应信息并对信息进行加工处理；三是思想政治教育过程、结构、内容、载体等的优化，实现审美和增效功能，即是通过中介使教育客体受理情感的催化①。

三、思想政治教育有效性的基本意蕴

为了深入研究新时代思想政治教育有效性，有必要立足于"有效性"的主旨，对相关概念进行界定，探索相关理论依据，明确相关影响因素，形成一定的基础性认识。

（一）思想政治教育有效性的内涵阐释

对新时代思想政治教育有效性研究，需要厘清"什么是有效性""什么是思想政治教育有效性"。

1. 有效性的内涵。首先我们从"有效性"一词的字义、词义进行分析。在现代汉语中，"有"与"无"相对，包含"存在""表示所属""表示发生、出现""表示大、多""用在某些动词前面表示客气""无定指，与'某'相近"等七种字义；"效"字则有"效果、功用""模仿、师法""献出""授予""征验、实现"五种含义。在《辞海》中"有效"一词的语义是指："有效果；有作用。"在《现代汉语词典》中"有效"一词的解释是："能实现预期目的；有效果。"在《辞海》中"性"字有"性质""生命、生机""有关生物的生殖或性欲""性别""性情、脾气"五种含义。

---

① 张世贵.思想政治教育中介价值探析［J］.学校党建与思想教育，2003（5）：14-16.

"有效性"与"实效性"一词很接近，并且学术界关于思想政治教育研究也会涉及"实效性"主题，为了深入认识有效性内涵，有必要对"有效性"与"实效性"进行对比分析。"有效"是指达成预期目的；"实效"是指取得的实际效益。在共性方面，"有效"和"实效"都重视结果，重视取得的收益。在个性方面，"实效"更强调结果的客观性，并且带有对取得实际效用程度评价；而"有效性"偏重于对结果的"主观"认定，兼顾对形成效果与内容的考虑。所以与"实效性"相比，"有效性"更重视主观评价，强调效果能满足主体需要、达到主体的目标。

以字义、词义为基础，结合"有效"与"实效"的对比，综合厘定"有效性"的内涵是指社会实践活动符合相应客观规律上所展现出的一定效用和价值，并达到人们接受或认可的程度和状态。

2. 思想政治教育有效性的内涵。学术界关于思想政治教育有效性的定义存在一定的差异性。沈壮海认为，它是指"实际的功效或实践的效果"[1]，反映出思想政治工作预期目标与结果之间的张力关系，体现满足人们需要的程度。张耀灿等人认为，它是指"受教育者形成良好的思想品德"，基于此思想政治教育有效性表现得较为复杂，"既表现为显性效果，又表现为隐性效果；既表现为直接效果，又表现为间接效果；既表现为近期效果，又表现为远期效果"[2]。时胜利认为，它是指"思想政治教育的实际效果，无产阶级政党按照既定的目标实施系统开展思想政治教育工作后，其最终的结果与最初的目标相契合的程

---

① 沈壮海. 思想政治教育有效性研究［M］. 武汉：武汉大学出版社，2016：14.

② 张耀灿，郑永廷，刘书林，等. 现代思想政治教育学［M］. 北京：人民出版社，2001：305.

度"①。古人伏认为，它是指"德育预期目标达到的程度和德育任务实际完成的状况，其最终落脚点在学生思想水平的提高"②。通过对比可知，学术界关于思想政治教育有效性的定义并不涉及本质的差异性，只存在具体、细微的差异。总体而言，思想政治教育有效性主要是指思想政治教育活动对教育客体实际的功效或实践的效果。

本书认为，思想政治教育有效性是指教育主体遵循教育规律，经过教学实施过程，教育评价显示在教育客体方面实现了教育预期的目标和想要的结果。一是思想政治教育有效性与教育者设定的预期目标和想要的结果密切相关，表明现实取得的结果具有充分的合目的性。二是思想政治教育有效性要以遵循教育客观规律为基础，表明教育实践活动的合规律性。三是思想政治教育有效性是一个重要的实践问题，是经过教学实施过程取得的结果，体现出实践性。四是思想政治教育有效性是经过教育评价获得的结果，这既包括对结果的客观描述评价，又包括对结果的定性评价。五是思想政治教育有效性是思想政治教育的必要追求，是思想政治教育必须考虑和追求的价值。

（二）思想政治教育有效性的理论依据

理论依据是指思想政治教育有效性的学理依据，对思想政治教育有效性的追求起到重要的理论指导作用。思想政治教育有效性的理论依据与马克思主义立场、观点和方法密切相关，包括马克思恩格斯思想政治教育理论、列宁思想政治教育理论、中国共产党思想政治教育理论以及中国传统文化蕴含的思想政治教育思想。

---

① 时胜利.苏联时期思想政治教育实效性研究［D］.西安：西北工业大学，2015：17.
② 古人伏.德育实效性研究与实践［M］.北京：中国建材工业出版社，1999：3.

1. 马克思恩格斯思想政治教育理论。马克思、恩格斯关注全人类解放，探索实现人自由全面发展的路径，在哲学、政治经济学、科学社会主义社会等方面理论都蕴含关于思想政治教育的世界观和方法论。马克思恩格斯明确了思想政治教育的属性，即是激发无产阶级与资产阶级斗争的精神手段。首先，思想政治教育是使无产阶级意识到与资产阶级存在不可调和对立关系的实践活动，"共产党一分钟也不忽略教育工人尽可能明确地意识到资产阶级和无产阶级的敌对的对立"①。其次，思想政治教育作用于人的意识领域，具有意识形态引导属性，是促进无产阶级掌握精神武器的手段，"思想的闪电一旦彻底击中这块素朴的人民园地，德国人就会解放成为人"②。

马克思、恩格斯指明了思想政治教育的任务。面对资产阶级的残酷剥削，无产阶级必须奋起反抗，但是无产阶级政党却面临理论准备不足、无产阶级缺乏理论指导的问题。面对问题，必须寻找方案，通过理论宣传、理论指导，使工人阶级团结起来、使无产阶级政党沿着正确方向前进。恩格斯指出："我们必须把我们的一切力量捏在一起，并使力量集中在同一个攻击点上。"③ 而进入社会主义之后，仍然要坚持思想政治教育，因为它"在经济、道德和精神方面都还带着它脱胎出来的那个旧社会的痕迹"④，所以利用思想政治教育的方法进行改造。在无产阶级革命斗争中，思想政治教育不仅能够激发无产阶级的斗争意识，

---

① 中共中央马克思恩格斯列宁斯大林著作编译局. 马克思恩格斯选集：第1卷 [M].
北京：人民出版社，2012：43.
② 中共中央马克思恩格斯列宁斯大林著作编译局. 马克思恩格斯选集：第1卷 [M].
北京：人民出版社，2012：16.
③ 中共中央马克思恩格斯列宁斯大林著作编译局. 马克思恩格斯选集：第4卷 [M].
北京：人民出版社，2012：500.
④ 中共中央马克思恩格斯列宁斯大林著作编译局. 马克思恩格斯选集：第3卷 [M].
北京：人民出版社，2012：363.

还可以使无产阶级形成正确的世界观与方法论；进入社会主义社会，思想政治教育有利于改造旧社会，有利于促进新社会稳定、和谐发展。因而，思想政治教育被赋予实现传播科学理论、改造人民群众思想、掌握人民群众、促进理论力量向物质力量转换的重要任务。

马克思恩格斯形成了思想政治教育的方法论。一是批判与揭露相结合的方法。马克思认为批判"主要情感是愤怒""主要工作是揭露"①。"批判与揭露"是批判资本主义错误的意识形态、揭露资本主义剥削本质，清除错误思想对人民群众思想和心灵的消极影响，唤起人民群众对资本主义的反抗精神。二是灌输与说服相结合的方法。1843 年，马克思撰写的《〈黑格尔法哲学批判〉导言》已蕴含了"灌输"的教育方法；恩格斯在 1839 年已经使用"灌输"一词；在 1844 年评论德国画家许布纳尔的画作——《西里西亚纺织工》指出，该画作"给不少人灌输了社会主义思想"②。思想政治教育的特征、对象的情况决定思想政治教育是从外部到内部进行灌输的过程。马克思和恩格斯反对硬性的理论灌输，强调要用彻底的理论去说服人、感召人，使无产阶级发自内心地接受和认同无产阶级政治理论。三是理论与实践相结合的方法。马克思和恩格斯认为，思想政治教育要将理论与现实相结合，杜绝将理论与现实割裂开的做法。因此，思想政治教育必须意识到教育对象是"现实的个人"，必须置身于现实语境中，结合他们实实在在的现实生活开展教育。

总的来说，马克思、恩格斯有关于思想政治教育的重要论述，蕴含

---

① 中共中央马克思恩格斯列宁斯大林著作编译局. 马克思恩格斯选集：第 1 卷 ［M］. 北京：人民出版社，2012：4.

② 中共中央马克思恩格斯列宁斯大林著作编译局. 马克思恩格斯全集：第 2 卷 ［M］. 北京：人民出版社，1957：590.

对思想政治教育属性的规定、思想政治教育任务的确立、思想政治教育方法的指引，是取得思想政治教育有效性的最根本的理论依据。

2. 列宁思想政治教育理论。基于俄国特殊国情以及革命需要，列宁创新了灌输理论。灌输理论是列宁关于思想政治理论的核心内容，我们可以从灌输理论理解思想政治教育理论。列宁灌输理论在思想政治教育发展史上具有重要意义。列宁灌输理论被视为"马克思主义发展史上关于无产阶级思想政治教育的第一个具有完备形态的理论学说"，同时被看作思想政治教育思想"由理论规定向实践形态的重人发展"①。

列宁灌输理论具有完备的内容体系，包含四个密切联系的组成部分。一是列宁立足革命实践，客观辩证地论证了将科学社会主义理论灌输给工人阶级的必要性，回答了"为什么要灌输？"的重要问题。这主要是基于化解思想政治教育的客观限制、克服工人阶级认识的局限性、反对资本主义意识这三方面的原因。二是列宁灌输理论回答了"谁来灌输？""向谁灌输？"的重要问题，明确了灌输主体与客体的地位，并且厘清了两者之间的关系。列宁认为灌输主体是具备特定素质的社会主义知识分子，他们受到科学文化知识的塑造，是从事脑力劳动的先进代表，具备承担灌输任务的先决条件。列宁指出灌输客体具有多样性和差异性。从总体上而言，它是指人民群众；具体而言，包括无产阶级、小农、小资产阶级等阶层。在诸多客体中，无产阶级是最主要的，这既有"思想条件最好的工人"，又有"广大中等水平的工人"，还有"中低水平的广大群众"②。三是"灌输什么？"是列宁灌输理论所解决的核心问

---

① 赵冶. 从"简单说明"到系统"灌输"：列宁"灌输论"形成分析［J］. 马克思主义理论学科研究，2022，8（1）：114-120.

② 中共中央马克思恩格斯列宁斯大林著作编译局. 列宁全集：第4卷［M］. 北京：人民出版社，1984：234-235.

题。列宁以马克思主义理论为总抓手，明确了向工人阶级灌输的根本内容。列宁坚持以马克思主义理论为中心的灌输，认为"只有马克思主义的世界观才正确地反映了革命无产阶级的利益、观点和文化"①。列宁重视俄国化的马克思主义的灌输，认为俄国化的马克思主义具有革命斗争针对性强、贴近工人实际的优势条件。四是列宁依据"从外部灌输""走群众路线"的特点和规律，解决了"怎么灌输？"的问题，形成了发挥理论灌输与实践灌输双重效应的灌输方法论。列宁指出要发挥理论灌输的基础作用，要发挥实践灌输的引领作用。

总的来说，列宁灌输理论是马克思主义政党开展思想政治教育的基础理论。在中国特色社会主义进入新时代、世界处于百年未有之大变局的历史变革之下，列宁灌输理论仍然具有生生不息的强大生命力，是实现新时代思想政治教育有效性的重要理论依据。

3. 中国共产党思想政治教育理论。建党一百多年来，中国共产党重视思想政治教育实践，并且善于总结经验，形成了民族化、系统化、科学化的思想政治教育理论。中国共产党思想政治教育理论是新时代思想政治教育有效性研究的直接理论依据，对新时代思想政治教育产生最直接、最根本的影响。

中国共产党思想政治教育理论是以毛泽东、邓小平、江泽民、胡锦涛、习近平等先进的中国共产党人对思想政治教育实践的智慧结晶，构成了完备的理论体系。中国共产党思想政治教育理论具有明确的指导思想。"拥有马克思主义科学理论指导是我们党坚定信念、把握历史主动

---

① 中共中央马克思恩格斯列宁斯大林著作编译局. 列宁全集：第39卷［M］. 北京：人民出版社，1986：332.

性的根本所在。"① 中国共产党思想政治教育坚持用完整准确的马克思主义指导、坚持以马克思主义中国化理论成果指导。进入中国特色社会主义新时代，习近平新时代中国特色社会主义理论思想实现了马克思主义中国化的新的飞跃，是中国共产党思想政治教育最新的指导思想。

中国共产党思想政治教育以明确的目标引领。中国共产党思想政治教育始终坚持以社会主义和共产主义理想信念教育提高广大人民群众的思想道德素质，促进人自由全面发展，激发人民群众担当民族复兴使命、建设社会主义事业、实现共产主义的创造性和积极性为目标。中国共产党思想政治教育目标具有稳定性，又体现与时俱进的品质，全面统领思想政治教育的各项工作。

中国共产党思想政治教育形成了系统的教育内容体系。思想政治教育是中国共产党的优良传统、鲜明特色和突出的政治优势，是一切工作的生命线，在发展历程中形成了系统的内容体系。其具体是以马克思主义理论为基础，以党的方针政策为立足点；以党的创新理论为核心；以促进人的发展的思想、道德、法律、历史等方面内容为关键点。自建党一百多年来，中国共产党思想政治教育的内容始终以马克思主义理论为根基，围绕不同时期党的中心工作和理论创新展开，并且随着形势的发展进行相应的调整，具有明显的时代特色和时代价值。

中国共产党思想政治教育形成了多样的方法。中国共产党思想政治教育重视方法建设。毛泽东同志指出，"我们的任务是过河，但是没有桥或船就不能过。不解决桥或船的问题，过河就是一句空话。不解决方

---

① 习近平. 高举中国特色社会主义伟大旗帜 为全面建设社会主义现代化国家而团结奋斗——在中国共产党第二十次全国代表大会上的报告 [M]. 北京：人民出版社，2022：16.

法问题，任务也只是瞎说一顿"①。这句话实际上是表明对"方法"的重视。中国共产党立足于实践性、辩证法、群众性、人本性等探索思想政治教育方法，形成了"理论教育法、实践锻炼法、榜样示范法、自我教育法、比较鉴别法、咨询辅导法等多样的思想政治教育方法"②。中国共产党思想政治教育方法充分保证了教育目标的实现。

中国共产党思想政治教育重视运用载体。载体是指能够承载思想政治教育的目的、任务、原则等内容和要素。载体是连接思想政治教育教育者与受教育者的桥梁，具有重要的价值。中国共产党思想政治教育重视运用课程载体、教材载体、仪式载体、文化文艺载体、活动载体、网络载体等。例如，我国大小学都开设思想政治理论课，并且各个学段的思想政治理论课都由国家统一编写教材。这充分体现出思想政治教育载体的重要性，也体现了中国共产党对思想政治教育载体的重视。中国共产党思想政治教育对载体的运用充分体现出创新性，依据不断发展变化的新情况对思想政治教育载体进行创新。

4. 中国传统文化蕴含的思想政治教育思想。"作为意识形态领域的思想政治教育，在我国古代早已出现了雏形。"③ 在历史演进过程中，中国传统文化蕴含丰富的思想政治教育思想，包括孔子教育思想、孟子教育思想、墨子教育思想、朱熹教育思想等蕴含的思想政治教育观念。习近平总书记指出："对历史文化特别是先人传承下来的价值理念和道德规范，要坚持古为今用、推陈出新，有鉴别地加以对待，有扬弃地予

① 毛泽东. 毛泽东选集：第1卷 [M]. 北京：人民出版社，1991：39.
② 徐茂华，潘艾冬. 中国共产党思想政治教育：百年回顾及基本经验 [J]. 重庆理工大学（社会科学），2022，36（2）：30-38.
③ 苏振芳. 思想政治教育学 [M]. 北京：社会科学文献出版社，2006：54.

以继承，努力用中华民族创造的一切精神财富来以文化人、以文育人。"① 所以，新时代思想政治教育的有效性要注重吸收中国传统文化蕴含的思想政治教育思想，把它作为一定的理论养分。

中国传统思想政治教育思想蕴含育人目标具有借鉴作用。孔子认为理想的人格是"君子""圣人"，包括标志性的特质是具有"仁"的品质。这也引发出孔子育人的重要内容"仁、礼、义"。孟子以人性本善出发，以"明人伦"为本，强调要培养出忠于国君，孝顺父母，团结兄弟，具有大爱的最高尚、纯粹的人。墨子强调要培养"兼士"，能以"义"为重的人。朱熹认为教育的目标是"明人伦"，教育人民修心"正心、诚意"，教育人民做到"修身、齐家、治国、平天下"。中国传统思想政治教育思想蕴含的育人目标可以启发新时代思想政治教育要注重品德教育的有效性。

中国传统思想政治教育思想蕴含的教育原则、方法具有借鉴作用。孔子提出了一系列的教育原则，包括因材施教，注重启发教育，让学生自由发言，表达出内心的思想观点，然后加以引导，循循善诱；并且在此基础上提出了"表扬和批评相结合的方法"。孟子重视人的自我教育和自我修养方法，在不断反省、磨炼自己的意志中提高自己的道德水平。墨子主张教育与实践相结合的方法，在考察一个人的言行时要把人的动机与效果结合起来考虑。朱熹在道德教育过程中重视分段教育，不仅注重学生特点并有层次地进行，还重视教材载体的作用。中国传统思想政治教育思想蕴含的教育原则、方法，可以启发新时代提升思想政治教育有效性策略的制定。

习近平总书记指出："我们要善于把弘扬优秀传统文化和发展现实

---

① 习近平．习近平谈治国理政：第 1 卷 ［M］．北京：外文出版社，2014：164.

文化有机统一起来,紧密结合起来,在继承中发展,在发展中继承。"①中国传统文化蕴含的思想政治教育思想,对新时代思想政治教育具有一定的启发作用。因而推动新时代思想政治教育有效性的实现,要重视中国传统文化蕴含的思想政治教育思想的吸收。

(三)思想政治教育有效性的理想图景

思想政治教育有效性的理想图景指的是思想政治教育有效性的一种目标追求。这种目标追求体现为实现思想政治教育的三种能力,即解释力、传播力、影响力。这三种能力的实现意味着思想政治教育有效性的达成。

1. 实现思想政治教育解释力。思想政治教育的解释力是指其"对自身的实践、实践成果和发展经验做出的深度解释、总结和提升,是'透过现象看本质'的可靠性和有效性"②。思想政治教育解释是思想政治教育实现有效性的重要表现,它体现人们对理论的理解程度,起到解释客观世界作用,具有帮助人们认识世界和改造世界的功能。正如加达默尔所说的:"理论对于我们来说并不是立刻就能理解的,因而要求做出解释的努力。"③实现解释力是思想政治教育有效性的重要纬度之一。

实现思想政治教育的解释力,意味思想政治教育达成了以下几方面的有效性:一是可以有效地实现对我国优秀历史文化洞察,使教育对象充分把握我国优秀历史文化传统的发展规律,充分认识到我国优秀历史文化是推动社会文明进步和人的全面发展的宝贵精神财富,积极推动传

---

① 习近平. 习近平谈治国理政:第2卷 [M]. 北京:外文出版社,2017:313.

② 史宏波. 论思想政治教育理论的解释力 [J]. 马克思主义理论学科研究,2022,8(11):112-120.

③ 汉斯-格奥尔格·加达默尔. 哲学解释学 [M]. 夏镇平,宋建平,译. 上海:上海译文出版社,1994:2.

统文化创造性转化与创新发展。二是有效地实现时代主题的回应，使理论能充分反映现实社会发展的状况，增强对人们思想实际以及社会现实状况进行解释的说服力和有效性，促进教育对象认识时代主题，承担时代责任。三是有效实现对理论理解的透彻性，使教育对象把握马克思主义的精髓，掌握马克思主义中国化理论成果，解答好"马克思主义为什么行"的问题。四是有效地促进理论向实践转化，更好地回答"中国特色社会主义为什么行"，促进教育对象深入中国特色社会主义实践意义，更加积极地躬体力行地投身中国特色社会主义伟大实践。五是有效地反映人民的需要。"理论只有真切贴近民众生活，才能找准广大人民群众的共鸣点，具有人文关怀的解释力。"① 思想政治教育解释力的实现，使人民群众最真实的生活境遇和精神需求得到了一定程度反映，使教育对象增强以人民为中心的意识。

2. 实现思想政治教育传播力。传播力是指："一个媒体通过各种传播方式的组合，将信息扩散，导致产生尽可能好的传播效果的能力。"② 思想政治教育的传播力是指教育主体充分利用各种传播手段，运用传播规律，传播特定内容，使教育对象思想观念实现合目的性变化的能力和效果。思想政治教育具有宣传的性质，所以实现传播力是思想政治教育掌握群众，获得有效性的重要纬度之一。

实现思想政治教育的传播力，意味思想政治教育达成了以下几个方面的有效性：一是实现拓展思想政治教育范围的效果，使教育内容、教育理念实现了在一定群体内的传播，为教育对象掌握理论创造条件，进而推动马克思主义大众化；二是达成增强思想政治教育亲和力的效果，

---

① 史宏波. 论思想政治教育理论的解释力 [J]. 马克思主义理论学科研究，2022，8 (11)：112-120.

② 周志懿. 媒体竞争：传播力制胜 [J]. 传媒，2006（8）：49-51.

使思想政治教育"贴近实际、贴近生活、贴近群众"，增强教育对象思想政治教育的认同感；三是达成增强思想政治教育吸引力的效果，表明教育内容符合真理性、符合教育对象需要的价值性，教育技巧得到了教育对象认可，增强教育对象掌握理论的动力；四是达成增强思想政治教育感染力的效果，使受教育者获得愉悦的心理体验和强烈的情感共鸣，增强思想政治教育对受教育者心理、情感和精神上产生的正向作用。

3. 实现思想政治教育影响力。影响力通常是指能够使一个人转变心理想法、行为态度、价值观念的力量。"思想政治教育的影响力是一种道义的影响力，它不同于物质财富和管理权力的影响力，没有外在的强制性。它主要靠以理服人、以情感人，对人的信念系统起潜移默化的作用。"① 思想政治教育影响力表现为对教育对象的影响能力，体现出教育对象按照教育预设的目标发展，这是思想政治教育有效性的重要维度之一。

实现思想政治教育的影响力，意味思想政治教育达成了以下几个方面的有效性：一是达成对教育对象世界观、人生观、价值观影响的效果，表明有组织、有计划地提升教育对象的思想政治素质活动获得顺利开展，教育对象的价值需要获得满足，表现出"立大志、明大德、成大才、担大任"的良好素质；二是达成社会治理的效果，表明有效应对思想多元、价值多元和行为多元，实现思想整合，有效应对错误思潮，价值引领，体现出人文关怀，充分调动群众的能动性和创造性，实现活力激发；三是达成助力民族复兴的效果，表明民族复兴的梦想得到广泛认同，民族向心力、凝聚力得到不断增强，推动筑牢民族共同体意识；四是达成维护国家意识形态安全的效果，表明马克思主义立党立国

---

① 徐习军. 试论思想政治教育影响力的加强 [J]. 湖湘论坛，2004 (3)：92-93.

之本的地位得到了巩固和发展，社会主义优越性得到广泛认同，以爱国主义为核心的民族精神和以改革创新为核心的时代精神得到大力弘扬发展，国家安全教育得以全面推进。

第二章　历史论域：新时代思想政治教育有效性的历史借鉴

习近平总书记指出，"只有正确认识历史，才能更好开创未来" "历史的启迪和教训是人类的共同精神财富。忘记历史就意味着背叛"①。"历史是最好的教科书"，我们有必要从历史视野回溯中国共产党思想政治教育有效性建设，汲取历史经验，为新时代思想政治教育有效性建设获取历史的智慧力量。

2021 年 11 月 11 日中国共产党第十九届中央委员会第六次全体会议通过《中共中央关于党的百年奋斗重大成就和历史经验的决议》，把中国共产党的百年历程总结为四个阶段，即"新民主主义革命时期""社会主义革命和建设时期""改革开放和社会主义现代化建设新时期"和"中国特色社会主义新时代"。本书对中国共产党思想政治教育有效性建设的历史回溯也依据此作为历史时期划分而展开研究。

一、新民主主义革命时期思想政治教育有效性的历史借鉴

新民主主义革命时期，中国共产党把思想政治教育放在重要位置，

---

① 习近平. 在纪念中国人民抗日战争暨世界反法西斯战争胜利 70 周年招待会上的讲话 [J]. 人民日报，2015-09-04 (3).

并且取得了伟大的实效性。通过思想政治教育，广大党员、干部、群众认识真理、坚定理想信念，在中国共产党领导下积极开展革命建设，推翻了"帝国主义、封建主义、官僚资本主义"三座大山，实现了民族独立、人民解放，成立了新中国，取得了新民主主义革命的伟大胜利。回溯新民主主义革命时期中国共产党思想政治教育取得有效性建设的成功经验，对新时代思想政治教育有效性建设具有重要的启发价值。

（一）新民主主义革命时期思想政治教育的主要实践

俄国十月革命一声炮响给中国送来了马克思主义。我国在面临帝国主义列强巨大压迫以及马克思主义深刻影响之下，爆发了"五四运动"，无产阶级登上历史舞台，开启了新民主主义革命历史时期。在这一历史时期，中国共产党根据反对帝国主义、封建主义、官僚资本主义的革命任务，围绕民族独立解放的目标，开展了一系列思想政治教育实践。

1. 建党前后传播马克思主义与推动国民大革命发展的思想政治教育实践。在 1921 年建党前，李大钊、陈独秀、李达等先进知识分子通过著书立说等行为与错误思想进行斗争，阐述马克思主义理论观点，传播马克思主义。在具体实践行动中，李大钊在北京大学成立马克思主义学说研究会，团结进步青年学习马克思主义；陈独秀走进工人群众中宣传马克思主义，将马克思主义与工人运动相结合，积极开展建党工作，加强培养和发展建党骨干。随着革命形势的发展，李大钊、陈独秀等人在北京、上海等地成立共产主义小组研究和宣传马克思主义。1921 年 7 月，中国共产党第一次全国代表大会通过了党的第一个纲领和第一次决议，思想政治教育具有了制度基础；1922 年 7 月，中国共产党第二次全国代表大会通过了《中国共产党第二次全国代表大会宣言》和九项决议案，明确了思想政治教育任务。而在思想政治教育的引领下，中国工人运动蓬勃发展，掀起了 1922 年到 1923 年中国第一次工人运动高潮，中国工人阶级展现出改造社会强大的力量。

1924 年，中国共产党与国民党实现合作，开启了国民大革命时期。在黄埔军校，中国共产党加强组织建设，扩大党的政治宣传；创建学生团体，创新青年政治教育方法，加强对青年的培养和锻炼。为了开展北伐战争，推翻军阀统治，国民政府将所辖军队改编为国民革命军。中国共产党通过"举办政治骨干培训班""普及党代表和政治部""选派大批共产党员加入北伐军队"等实践行动加强对国民革命军的政治教育。为了增强国民革命的群众基础，中国共产党通过举办农民运动讲习所和训练班、组织领导农民协会等实践方式教育农民投身大革命。

2. 土地革命时期加强人民军队建设、巩固革命根据地建设以及开展"反围剿"和长征的思想政治教育实践。1927 年大革命失败后，中国共产党发动南昌起义，打响了武装反抗国民党反动统治的第一枪，创建了人民军队。毛泽东通过"三湾改编"，开创了军队内部的民主制度，统一部队思想。为巩固革命根据地建设，中国共产党在军队中开展革命理想和信念教育实践、纪律和任务教育实践、宽待敌军俘虏教育实践；在群众中开展土地政治教育实践；在地方武装中开展团结教育实践。在革命斗争实践中，中国共产党不断总结宣传工作和军队思想政治教育的经验，形成了系统化的经验成果：《宣传工作决议案》《古田会议决议》《反对本本主义》等文章。

随着革命根据地力量的增强，国民党深感威胁，从而调集重兵来"围剿"中国工农红军。红军与国民党军队进行了多次的"反围剿"斗争。而为了争取"反围剿"胜利，中国共产党开展对军队、人民群众、敌军的思想政治教育实践。在对军队教育实践中，明确了党的斗争策略和红军的任务方针，加强了连队党支部战斗堡垒建设和红军纪律教育。在对人民群众教育实践中，在确定动员和组织群众的时机和措施的基础上，深入农村城镇，进行形式多样的宣传活动；在各根据地开展组建赤卫队、少年先锋队工作，开展多种形式的拥军慰问活动。面对敌军，通过加强政治攻势来瓦解敌军力量，具体实践行动有在战区开展对敌宣传、在敌军内部组织官兵起义、在俘虏中进行政治教育等。然而在第五次反围剿中，由于受王明"左"倾教条主义错误影响，红军在军事指挥上出现严重失误，斗争遭遇失败，不得不开展战略大转移的万里长征。在长征途中，加强思想政治教育的实践包括加强党的正确路线教育，清除王明"左"倾教条主义影响、反对张国焘的分裂主义；通过深入开展政治动员、加强连队支部建设、关心战士生活等行为来激发大家的斗志，提升军队战斗力；在群众中加强红军的纪律宣传、形象宣传以及加强党的民族政策宣传等。

3. 在抗日战争中宣传抗战路线、加强党员干部素质和思想作风以及夺取抗战胜利的思想政治教育实践。1931 年 9 月 18 日，日军进攻沈阳，"九一八事变"爆发，中国军民开始了历时十四年艰苦卓绝的抗日战争。为了夺取抗日战争胜利，中国共产党开展了卓有成效的思想政治教育实践。一是宣传抗战路线和争取抗日力量的教育实践。面对日本的疯狂侵略，中国共产党制定抗日民族统一战线的策略，在党内军内进行抗日民族统一战线宣传教育活动；在工人、农民、学生、小资产阶级和民族资产阶级中宣传抗日新形势、新任务、新策略、新要求，发动最广泛民众投身抗日战争；针对国民党开展说服和团结教育实践，推进国民党放弃不抵抗政策，积极开展抗日斗争，实现国共第二次合作。在全面抗战时期，中国共产党加强了全面抗战路线的宣传教育、抗日游击战战略地位的宣传教育以及持久抗战思想和抗战前途的宣传教育。

二是加强党员干部素质的教学实践。毛泽东同志指出，"政治路线确定之后，干部就是决定的因素"①。在全面抗战时期，中国共产党重视党员干部素质教育。其中，以共产主义思想为指导，开展思想教育、对党员干部教育开展政治教育、理论教育、业务教育、文化教育等实践活动；以抗日军政大学为组织载体，对军事政治干部开展马克思主义理论教育、艰苦朴素和英勇斗争教育、组织纪律教育、团结教育等活动。同时，中国共产党重视加强党内思想作风教育，开展影响深远的延安整风运动。"整风运动既是一次全党范围内的马克思主义的思想政治教育活动，也是破除党内把马克思主义教条化、把共产国际决议和苏联经验神圣化错误倾向的伟大思想解放运动。"② 延安整风运动是党内开展思想政治教育的伟大创举。

三是为夺取抗日战争胜利开展宣传教育。首先，在抗日根据地范围内，开展以"三三制"政治建设为原则的民主政治教育；开展以发展经济建设和大生产运动的自力更生、艰苦创业的教育；开展以发展文化教育事业为中心的马克思主义理论和时事政策教育。其次，在国统区里，中国共产党大力开展群众工作，组织和团结人民群众积极参与抗日救亡运动；利用各种渠道和形式与国民党上层民主人士、民主党派人士、地方实力派人士和文化工商界人士广泛接触和联系，向他们宣传抗日主张和要求，争取最大抗日力量。最后，在"中共七大"召开后，宣传"七大精神"，贯彻"七大"路线，号召全党全军为夺取抗战最后胜利而努力奋斗。

4. 解放战争时期动员全国人民参加解放战争、加强人民解放军和

① 毛泽东. 毛泽东选集：第2卷 [M]. 北京：人民出版社，1991：526.
② 中共中央党史研究室. 中国共产党史：第1卷（1921—1949，下册）[M]. 北京：中共党史出版社，2011：621-622.

开展党内教育的思想政治教育实践。抗日战争胜利之后，我国革命斗争进入解放战争时期。在这一历史阶段，中国共产党首先动员全国人民参加战争。通过向人民群众、各民主党派、社会各界著名人士、国民党要员和国际友人等宣传"和平、团结、民主"的基本主张，为解放斗争赢得政治主动；通过揭露国民党内部阴谋，反动本质，教育人民丢掉和平的幻想和克服战争恐惧；通过制定、宣传和执行满足农民要求的土地政策，发动农民开展土改运动、鼓励农民积极参与生产支援前线、发动人民参军作战；通过在国统区的地下组织，对国统区人民群众和青年学生进行反内战宣传和发动他们参与爱国民主运动，对各民主党派和广大无党派人士开展反对专制独裁宣传，争取增强支持解放斗争力量。

在解放战争时期，中国共产党继续加强人民军队的思想政治教育，主要包括：一是人民解放开展以"立功运动、团结互助运动和新式整军运动"为中心的群众性自我教育运动；二是针对国民党军队开展瓦解敌军的思想政治工作；针对来自国民党的被俘、起义、投诚人员以及和平改编部队开展教育改造工作；三是开展"不断革命"的思想教育，强化党的领导，发扬三大民主，加强组织纪律建设的实践行动。

在解放战争时期，中国共产党继续加强党内的思想教育，主要包括：一是在党内开展以查阶级、查思想、查作风和整顿组织、整顿思想、整顿作风为内容的整党运动；二是在党内开展加强政策与策略、组织纪律和人民民主专政的教学运动；三是在党内组织学习贯彻七届二中全会精神教育活动，开展优良作风教育、新形势教育、新任务教育等活动。

（二）新民主主义革命时期思想政治教育有效性的主要表现

新民主主义革命时期，中国共产党为了实现民族独立、人民解放的伟大任务，创造性地开展思想政治教育实践，为取得伟大胜利奠定了重要的思想基础，表现出了显著的有效性。

1. 实现马克思主义传播效果。进入新民主主义革命时期，中国共产党开展以马克思主义教育为中心的思想政治教育活动，实现了马克思主义传播效果。一是使一大批先进中国知识分子坚定了马克思主义的理想信念。在建党之前，马克思主义传播使毛泽东、周恩来、蔡和森、瞿秋白、邓中夏、赵世炎等一大批青年接受并且坚定马克思主义信仰，推动中国共产党的成立。毛泽东同志在接受美国记者埃德加·斯诺的采访时说过："我一旦接受了马克思主义对历史的正确解释以后，我对马克思主义的信仰就没有动摇过。"① 周恩来同志认为马克思主义是救治中国的良方，认为"中国现在的经济情势，除去努力预备革命，实行共产革命外，实在无法可解"②；并且指出对马克思主义无比坚定的信念，"我认定的主义一定不变了，并且很坚决地要为它宣传奔走③"。在建党之后，中国共产党继续推进马克思主义的传播，使其革命斗争的重要思想武器。例如，在抗日军政大学坚持以马克思主义理论武装学员的头脑，开设了"马克思主义基本理论""政治经济""哲学"等课程，扩大了马克思主义传播范围，提高了广大学员的政治觉悟。

二是推动马克思主义中国化。新民主主义革命时期，中国共产党通过思想政治教育宣传马克思主义与中国实际相结合的重要性。1938 年，毛泽东同志在党的六届六中全会《论新阶段》的报告指出："没有抽象的马克思主义，只有具体的马克思主义。所谓具体的马克思主义，就是

---

① 埃德加·斯诺. 西行漫记［M］. 董乐山，译. 北京：东方出版社，2010：147.
② 中共中央文献研究室. 周恩来早期文集：下卷［M］. 北京：中央文献出版社，天津：南开大学出版社，1998.461.
③ 中共中央文献研究室. 周恩来早期文集：下卷［M］. 北京：中央文献出版社，天津：南开大学出版社，1998.453.

通过民族形式的马克思主义，就是把马克思主义应用到中国具体环境的具体斗争中去，而不是抽象地应用它。……因此，马克思主义的中国化，使之在其每一表现中带着中国的特性，即是说，按照中国的特点去应用它，成为全党亟待了解并亟须解决的问题。"① 中国共产党通过思想政治教育批判和清算党内错误"主义"和"倾向"推动马克思主义中国化。毛泽东同志在反对本本主义中推动马克思主义中国化，他指出："马克思主义的'本本'是要学习的，但是必须同我国的实际情况相结合。我们需要'本本'，但是一定要纠正脱离实际情况的本本主义。"② 经过延安整风运动的思想政治，"中央要求广大党员干部通过调查研究，深入了解中国社会状况，了解中国革命的特点和规律，学会将马克思列宁主义基本原理同中国革命具体实际相结合"③。新民主主义革命时期，马克思主义中国化实现了第一次历史飞跃，创立了毛泽东思想。

2. 塑造了人民军队的政治本质和优良作风。新民主主义革命时期，中国共产党认识到"枪杆子出政权"的道理，重视加强人民军队建设，塑造了人民军队的政治本质和优良作风。一是确立了党对人民军队的绝对领导。通过"三湾改编"确立"支部建连"的组织方式，确保了党对军队的绝对领导，促进了党的路线、方针、政策的全面贯彻与执行；通过《古田会议决议》确立了坚持人思想上政治上建设军队，确立党对军队绝对领导的根本原则；在延安军队改编后，通过确定"三个忠于"，加强党对军队绝对领导。在坚持党对军队绝对领导的作用下，人

---

① 中共中央文献研究室. 建党以来重要文献选编（1921—1949）（第十五册）[M]. 北京：中央文献出版社，2011：651.
② 毛泽东. 毛泽东选集：第1卷 [M]. 北京：人民出版社，1991：111-112.
③ 中共中央党史研究室. 中国共产党史：第1卷（1921—1949，下册）[M]. 北京：中共党史出版社，2011：619.

民军队为国家战胜强大敌人和艰难险阻提供了不竭的动力,人民军队始终保持了人民的本色和过硬作风。

二是加强了人民军队理想信念教育。中国共产党在面对大革命失败、敌人强力围剿以及被迫长征等困难状况时,通过思想政治教育,坚定了人民军队中的广大党员、干部和战士等人对中国革命胜利的信念和信心。同时,通过马克思主义理论教育运动,推动人民军队中的广大党员、干部和战士等人加强马克思主义理论学习,促进他们形成共产主义理想。

三是加强人民军队纪律建设。"加强纪律性,革命无不胜。一支军队的力量,不仅要看其人数,不仅要看其武器装备,还要看其纪律性。"① 新民主主义革命时期,人民军队坚持请示报告制度,克服军队中出现的无纪律无政府现象,保证全党全军所执行的各种方针上、政策上、行动上的高度一致,以及军事计划的顺利实施;人民军队能够自觉遵守"三大纪律、八项注意",扫除了一切旧军队习气对人民军队造成的不良影响,进一步密切了军民关系,使人民军队的战斗力不断得到提高。

3. 锻造一支政治素质过硬、理论水平较高的党员队伍。新民主主义革命时期,通过思想政治教育促进了党员个体自身综合素质的提高与思想意识的成熟,锻造出一支政治素质过硬、理论水平较高的党员队伍。一是使党员深入地掌握了党的方针、政策和路线。思想政治教育实践重视党的方针、政策和路线宣传教育,例如党中央多次发出指示,要求把政策和策略教育"列入干部教育的正式课程,作为成绩考试的重

---

① 中共中央文献研究室. 十八大以来重要文献选编:下 [M]. 北京:中央文献出版社,2018:814.

要标准"①。这使党员得到了有效的方针、政策和路线教育，并且保障革命斗争沿着正确的方向前进。

二是提升了党员综合素质。在思想方面，不断克服非无产阶级思想，树立全心全意为人民服务的宗旨意识，真正实现从思想入党；在政治方面，认识到阶级斗争的重要性，党员队伍积极投身阶级斗争，开创了阶级斗争的新局面；在理论方面，加强了理论修改，能更好地理解马克思主义理论，坚定共产主义信仰，正确运用马克思主义方法；在业务水平和文化素质方面，党员队伍加强了业务钻研，加强了文化知识学习，一批有业务能力、有知识水平的党员干部成长了起来。

三是反对党内存在的错误思想倾向，增强了党内的团结，形成了正确的斗争路线和斗争策略。新民主主义革命时期，党在不同阶段受到了不同程度的"右倾"或者"左倾"错误思想的干扰。中国共产党通过一系列思想政治教育实践活动加强党内思想政治教育，反对党内存在的错误思想倾向，确立了实事求是的思想路线，贯彻落实了唯物辩证法的认识方法和工作方法，使全党更加紧密地团结在以毛泽东同志为核心的党中央周围，实现了党的斗争路线和斗争策略在正确轨道上实施和发展的良好局面。

4. 团结社会各阶层参与革命斗争。毛泽东同志指出农民是"革命战争的主力军"②。中国共产党善于做农民思想政治教育工作，无论是在大革命时期、土地革命时期，还是在抗日战争时期、解放战争时期，农民始终都是工人阶级最可靠的同盟军，为取得革命胜利奠定了重要的阶级力量。中国共产党重视对广大知识分子、民族资产阶级以及其他劳

---

① 中央档案馆，中共中央文献研究室. 中共中央文件选集：第十二册 [M]. 北京：中共中央党校出版社，1991：423.

② 毛泽东. 毛泽东选集：第1卷 [M]. 北京：人民出版社，1991：183.

动者开展党的政策方针的宣传教育，获得了他们的大力支持，例如，在抗日战争时期联合全国可以团结力量，建立抗日民族统一战线，为打败日本侵略者凝聚了强大民族力量；在解放战争时期，获得了拥护民主、反对独裁社会各界支持，为推翻国民党政府的统治创造了良好条件。

（三）新民主主义革命时期思想政治教育有效性的历史经验

新民主主义革命时期，党的思想政治教育取得了显著的有效性，为新中国成立贡献了重要力量。回顾这一历史阶段，我们总结出了以下几个方面的历史经验：

1. 思想政治教育取得了一定程度显著的有效性，主要得益于党的正确领导。在大革命时期，由于党内存在"右倾"错误思想的影响，革命斗争受到重大挫折，实现思想政治教育的有效性受到严重制约。进入土地革命以后，党内消除了"右倾"错误思想影响，中国共产党加强了军队、党员和人民群众的思想政治教育，根据地建设取得重大胜利。然而，在土地革命时期党内又形成了以王明、博古等人为代表的"左倾"错误思想，党内受到教条主义严重影响，第五次"反围剿"失败，思想政治教育受到严重影响，一些党员的革命信念受到了动摇，甚至产生了张国焘的分裂主义严重问题。遵义会议之后，确立了毛泽东同志在党中央的核心地位，党开始沿着正确的方针路线前进，党通过思想政治教育不断地清算错误的思想倾向，党对军队的绝对领导得到了加强，军队的凝聚力、战斗力得到显著提高，党员干部形成了优秀优良的作风，获得了人民群众的广泛支持，为夺取新民主主义革命伟大胜利奠定了精神基础。正反两个方面的历史事实表明，始终坚持党的正确领导，是新民主主义革命时期思想政治教育取得显著有效性的根本所在。

2. 思想政治教育取得显著的有效性，核心是推动马克思主义中国化。作为中国共产党的立党立国的根本，始终坚持并巩固马克思主义的主导地位，是党和国家长盛不衰的思想保证。坚持马克思主义在我党中的指导地位，努力推动马克思主义中国化，是思想政治教育取得显著有效性的核心。毛泽东同志在《反对本本主义》中对党内一些人的"唯上""唯书"的教条主义进行了分析和批判，指出"没有调查就没有发言权"，提出了党的一切工作从实际出发、理论联系实际、实事求是的思想路线。这在党的思想政治教育史上，起到了方法论的指导意义，增强了思想政治教育的科学性和活力。1937 年，毛泽东同志发表了《实践论》《矛盾论》两篇重要的文章，推动马克思主义中国化发展达到了新的理论高度，思想政治教育获得了重大理论依据。1938 年，毛泽东同志在《论新阶级》中正式提出了命题"马克思主义中国化"，思想政治教育在理论联系实际的正确方向不断迈进。1945 年，党的七大确立了毛泽东思想"作为我们党一切工作的指针"①。这表明全党在思想上、政治上的成熟，反映了党的理论水平的极大提高。

3. 思想政治教育取得显著的有效性，重点是要把握党的中心工作。新民主主义革命时期的思想政治教育始终围绕党的中心工作而开展。在建党初期，党的思想政治教育围绕广泛传播马克思主义的中心工作而开展。进入大革命时期，党的思想政治教育围绕巩固国共合作，发动工人运动，教育农民投身北伐战争，为推翻军阀统治而开展。进入土地革命时期，党的思想政治教育围绕军队建设、党员思想建设、干部素质、发动群众参与革命等中心工作而展开。进入全面抗日战争时期，党的思想政治教育围绕宣传和维护抗日民族统一战线，争取团结一切可以团结的力量打败日本帝国主义而开展。解放战争时期，党的思想政治教育围绕

---

① 中共中央文献编辑委员会．刘少奇选集：上卷［M］．北京：人民出版社，1991：332.

团结全国人民推翻国民党统治，争取建立新中国而展开。历史经验表明，把握党的中心工作，抓住主要矛盾、解决重点问题是思想政治教育取得显著有效性的重点。

4. 思想政治教育取得显著的有效性，关键是重视思想政治教育的地位和作用。新民主主义革命时期，党把思想政治教育确定为"生命线"的地位和作用，把思想政治教育作为加强军队建设、加强党员干部素质教育、发动群众参与革命的重要手段。周恩来同志指出，"我们可以肯定地说，以革命主义为基础的革命政治工作是一切革命军队的生命线和灵魂！"① 中国共产党充分认识到，要想取得革命胜利就必须加强思想政治教育，提高党内的凝聚力，使党员和人民群众一条心，为反对帝国主义、封建主义、官僚资本主义而战斗到底。因此，在新民主主义革命时期，中国共产党始终重视思想政治教育的地位和作用，以此促进革命的胜利。

二、社会主义革命和社会主义建设时期思想政治教育有效性的历史借鉴

1949 年新中国成立，思想政治教育进入新的历史时期，这即是社会主义革命和社会主义建设时期。这一时期，思想政治教育在巩固国家政权、建设社会主义制度、推动社会主义建设等方面发挥了重要的作用；同时，受到以"阶级斗争为纲"的路线影响，思想政治教育受到严重挫折，思想政治教育产生负面的效应。回溯社会主义革命和社会主义建设时期的思想政治教育的历史经验，对新时代思想政治教育具有一定的借鉴意义。

---

① 中共中央文献编辑委员会 . 周恩来选集：上卷 [M]. 北京：人民出版社，1980：93.

（一）社会主义革命和社会主义建设时期思想政治教育的基本情况

社会主义革命和社会主义建设时期，中国共产党继续和发扬思想政治教育在动员和组织人民群众方面的巨大优势，围绕中心工作开展了正确的思想政治教育实践。同时，受到错误思想路线的影响，思想政治教育实践也偏离了正确的轨道。

1. 社会主义革命时期思想政治教育的全面推进。中国共产党围绕党的主要工作开展思想政治教育实践。一是开展为巩固新政权和恢复国民经济服务的思想政治教育实践。这包括：在土改运动中有训练地开展工作队、展开"谁养谁活"的教育运动实践；在镇压反革命运动中开展动员和宣传群众参与革命斗争以及开展纠正反革命斗争"右倾"错误倾向的实践；在恢复国民经济斗争中开展教育全党和全国人民树立战胜困难的信心、开展调动工人阶级主人翁觉悟、开展统一战线教育的实践。二是开展为夺取抗美援朝胜利的思想政治教育实践。这包括：为号召全国各界人民声援和拥护抗美援朝、保家卫国的战争，开展以国际主义教育为中心的实践；为教育广大人民群众认清美帝国主义的真面目，看穿其反动本质，开展以爱国主义教育为中心的实践；为了鼓舞和提升部队士气，增强军队战争精神，开展以革命英雄主义教育为中心的实践。三是开展宣传过渡时期总路线的思想政治教育实践。这包括：为使党员干部、人民群众加深对过渡时期总路线的认识和理解而开展的实践；为动员社会各界拥护和执行过渡时期总路线而开展的实践；为确保解决执行过渡时期总路线遇到的问题，纠正实践存在偏差而开展的实践。

中国共产党为了加强社会思想改造而开展思想政治教育实践。一是为加强执政党的思想作风建设而开展思想政治教育实践。中国共产党执政后，由于地位、任务和工作生活条件变化，党在思想、作风、组织等方面面临新的问题和挑战，包括思想意志薄弱、官僚主义风气滋长、出现贪污腐化等问题。基于新形势、新问题，中共中央于1953年到1954年在全党范围内开展大规模整风和整党运动，进行了空前规模和影响深远的思想政治教育实践。二是针对知识分子和思想文化界的思想政治教育实践。为了团结、教育和改造一切爱国知识分子，开展了知识分子思想改造和学习教育运动；为了确立马克思主义在国家意识形态的领导地位，在全国范围内开展马列主义理论宣传学习运动；为使思想政治教育制度化、常态化，建立了学校思想政治教育工作制度。

为社会主义改造的顺利开展，中国共产党开展私营工商业者和个体农民的思想政治教育实践。对私营工商业者开展加强党的有关路线、方针、政策的宣传教育，开展认清社会发展规律而接受社会主义改造的教育，开展思想改造教育活动等。对个体农民开展配合农业互助合作运动的社会主义教育，开展配合社会主义改造运动的总路线教育，开展动员农民走合作社道路的集体化教育。

2. 1956年到1966年社会主义建设时期的思想政治教育实践。1956年底，随着社会主义改造的基本完成和社会主义制度的基本建立，我国开始进入建设社会主义时期。这一时期既取得了重大成果，也遇到了很大的挫折，是艰辛探索的十年。与之相联系，思想政治教育实践也相当复杂，正确实践与错误实践并存，各种实践斗争激烈。

中国共产党围绕社会主义建设的任务而开展正确或者比较正确的思想教育实践。一是全面开展以社会主义教育为核心的思想政治教育实践。中国共产党通过《论十大关系》、党的八大和《关于正确处理人民内部矛盾的问题》等强调正确处理各种矛盾，调动一切积极因素建设社会主义。基于这样的任务，党的思想政治教育实践突出抓社会主义教育，例如，要求高等学校和中级以上的党校必须开设社会主义教育课程、在农村开展广泛的社会主义教育运动等。同时，开展将社会主义教育渗透进入经济工作和技术工作的实践，强调"思想工作和政治工作，是完成经济工作和技术工作的保证"①。二是开展以整风运动为重要形式的思想政治教育实践活动。1957 年，毛泽东同志指出："几年来都想整风，但找不到机会，现在找到了。现在已造成批评的空气，这种空气应继续下去。这时提整风比较自然。"② 通过整风运动使全党重新进行了一次普遍深入的反官僚主义、反宗派主义、反主观主义的教育。三是开展恢复和发扬大兴调查研究之风、艰苦奋斗之风等优良传统的思想政治教育实践。党中央倡导全党大兴调查研究之风，强调一切从实际出发；党中央、毛泽东同志对雷锋、王杰、焦裕禄等人的先进事迹进行总结和宣传教育，号召全体党员干部和群众向他们学习，激发全党艰苦奋斗的优良作风。

中国共产党受"左倾"思想的影响而开展偏离正轨的思想教育实践。一是反右派斗争严重扩大化，大量人民内部矛盾被当作敌我矛盾，一些提出正确的善意的批评建议的人被视为右派分子而遇到攻击，同时采取"大鸣、大放、大字报、大辩论"的极端形式。二是在"大跃进""人民公社"的极"左"思想的影响下，思想政治教育实践提出了"兴无灭资""政治挂帅"的错误口号、片面强调人的主观意志和精神作用、极力鼓吹脱离实际的高指标和高速度、大肆宣传急于求成的思想。三是在 1956 年庐山会议反右倾斗争后，思想政治教育实践逐渐以阶级斗争为纲，大力鼓吹阶级斗争扩大化、绝对化的错误理论，强调用阶级

---

① 中共中央文献研究室．毛泽东文集：第 7 卷 [M]．北京：人民出版社，1999：351.
② 中共中央党史研究室．中国共产党史：第 2 卷（1949—1978，上册）[M]．北京：中共党史出版社，2011：440.

斗争的方法处理问题和解决问题。

3. 1966—1976年社会主义建设遭遇重大挫折时期的思想政治教育实践。这一时期"左"倾错误的积累和泛化，致使党的正确思想政治教育实践迅速被"以阶级斗争为纲"和纯粹政治运动所替代。一是开展意识形态的大批判运动。从对《海瑞罢官》的错误批判开始，把正确的思想观点、政策主张、做法以及艺术和学术的不同派别、不同观点，当作资产阶级来反对，当作阶级斗争来批判。二是号召群众用"大鸣、大放、大字报、大辩论"方法给予"修正主义"强大的政治攻势和社会压力，颠覆了党长期坚持的正确的思想政治教育方针原则。三是把"无产阶级专政下继续革命的理论"作为思想政治教育指导思想和行动方针，助推了阶级斗争扩大化的错误。

（二）社会主义革命和社会主义建设时期思想政治教育有效性的主要表现

1. 社会主义革命和社会主义建设时期思想政治教育有效性的正向影响。一是为巩固新生政权提供了思想力量。通过思想政治教育动员全党、动员人民群众、动员各民主派及社会各界参与反革命运动，实现了调动一切积极因素打击反革命分子的嚣张气焰，对人民群众进行生动阶级斗争教育的效果；通过思想政治教育增强了全党全国恢复国民经济的信心，启发和调动了工人阶级巩固国家政权的主人翁精神；通过思想政治教育极大地激发了全国人民的国际主义教育和爱国主义热情，为争取抗美援朝的胜利提供了精神力量。二是为建立和发展社会主义制度提供了思想力量。通过对过渡时期总路线的宣传教育，推动了社会主义改造的开展，促进了社会主义制度的建立；通过长达三年多的整风运动提高了干部和一般党员的思想水平和政治水平，克服了官僚主义、命令主义作风和以功臣自居的骄傲情绪，改善党和人民群众关系，提升了党建立社会主义制度的能力。三是为促进社会主义建设提供了思想力量。通过宣传和教育《论十大关系》理论精神，把全社会的积极因素汇聚于社会主义建设；通过宣传党的八大会议精神，把全国人民力量聚合起来保证党在社会主义中心工作和各项任务顺利实现；通过开展《关于正确处理人民内部矛盾的问题》的理论精神教育，引导全国、全党正确认识和处理人民内部矛盾，化消极因素为积极因素。四是促进深入学习马克思主义和毛泽东思想。1959 年到 1960 年全党掀起学习马列主义和毛泽东思想运动，全体党员普遍接受一次马列主义和毛泽东思想的理论训练，实现以先进思想武装自己，在正确的立场、观点和方法的指导下提高觉悟、提高认识、做好工作；1958 年到 1960 年，党中央组织广大青年学习马列主义、毛泽东思想，提高广大青年的共产主义思想觉悟和道德品质，清除资产阶级思想。

2. 社会主义革命和社会主义建设时期思想政治教育有效性的负面影响。受到党在指导思想上"左"的影响，这一时期思想政治教育有效性存在明显的负面影响。一是思想政治教育助长了"左倾"错误。在社会主义改造时期，助长了急于过渡、急于求成的错误，助长了过渡的偏差；在反右派斗争中助长了斗争扩大化，夸大了人民内部矛盾，采用了错误的方式，使不少无辜的知识分子受到打击；在"大跃进""人民公社化运动"中夸大了人的主观意志和精神作用，助长了浮夸风，违背了实事求是的原则；助长了反右倾斗争，加重了党内民主和法制的破坏，滋长了个人专断和个人崇拜的不良倾向。二是助长了"以阶级斗争"的错误。这主要表现为：在意识形态大批斗使不少坚持真理的党员干部被批斗打倒，社会各界正常的工作受严重破坏；"大鸣、大放、大字报、大辩论"的斗争方式加重了社会的伤害；对"无产阶级专政下继续革命的理论"教育宣传，严重违背了马列主义、毛泽东思想，脱离了中国实际，破坏了党的优良作风。社会主义革命和社会主义建设时期思想政治教育有效性的负面影响，助长了社会灾难，更是思想政治教育的严重挫折。

（三）社会主义革命和社会主义建设时期思想政治教育有效性的历史经验

社会主义革命和社会主义建设时期思想政治教育的有效性里充满复杂性和矛盾性，值得深刻的反思。这蕴含的历史经验具有很高的借鉴作用。

1. 思想政治教育取得显著的有效性，要正确把握社会主要矛盾。毛泽东同志指出，矛盾是普遍存在的，社会主义社会同样充满矛盾，正是这些矛盾推动着社会主义社会不断向前发展，所以在社会发展中要正确把握社会主义矛盾。党的八大正确分析了社会主义矛盾的变化，指出：社会主义制度在我国基本已经建立起来了。我们国内的主要矛盾，已经是人民对建立先进的工业国的要求落后的农业国的现实之间矛盾，已经是人民对于经济文化迅速发展的需要同当前经济文化不能满足人民需要的状况之间的矛盾。在党的八大正确把握社会主要矛盾的基础上，思想政治教育取得了较好的效果，为取得社会主义建设成果奠定了思想基础。然而，党的八大关于社会主要矛盾并没有得到很好地持续贯彻，在"左倾"思想路线的影响下，"阶级斗争是社会主要矛盾"的认识不断强化，这给思想政治教育带来了重大的负面影响。历史事实表明，正确把握社会主要矛盾才能使思想政治教育找准重点工作，运用正确方法，实现良好效果。

2. 思想政治教育取得显著的有效性，要坚持实事求是的思想路线。

党的思想路线也叫认识路线，是中国共产党认识问题、分析问题、处理问题遵循的最根本的指导原则和思想基础。社会主义革命和社会主义建设时期，思想政治教育存在的复杂性、矛盾性，关键在于党的思想路线长期受到"左"的错误思想倾向的干扰。当时"左"的错误思想倾向严重夸大了阶级斗争的矛盾、严重夸大了人的主观意志作用、严重脱离客观规律搞"大跃进""人民公社"，所以思想政治教育是脱离实际而不正常开展的，这也就产生了诸多负面效应。邓小平同志指出，"一个党，一个国家，一个民族，如果一切从本本出发，思想僵化，迷信盛行，那它就不能前进，它的生机就停止了，就要亡党亡国"①。历史经验表明，思想政治教育要取得实效性，需要批判错误思想倾向，坚持实事求是的路线。

3.思想政治教育取得显著的有效性，要注重加强民主和法治教育。中国社会要良性发展、建成社会主义现代化强国，必须发展社会主义民主、健全社会主义法治。所以为了取得思想政治教育的有效性，要突出民主与法制教育的作用。

三、改革开放和社会主义现代化建设时期思想政治教育有效性的历史借鉴

1976年结束"文化大革命"，中国共产党迎来了伟大的历史转折；1978年十一届三中全会，中国共产党开始了波澜壮阔的改革开放。在新的形势下，思想政治教育逐渐回归正轨，为坚持"一个中心，两个基本点"的基本路线发挥了重要的作用。在改革开放和社会主义现代化建设时期，思想政治教育有效性建设实践丰富，作用明显，是新时代

---

① 邓小平.邓小平文选：第2卷［M］.北京：人民出版社，1994：143.

提升思想政治教育有效性的鲜活经验。

（一）改革开放和社会主义现代化建设时期思想政治教育的基本情况

这一时期的思想政治教育实践主要是围绕拨乱反正工作和开启改革开放进程的重要任务而开展的。

1. 伟大历史转折与改革开放起步阶段的思想政治教育实践。在1976年到1978年主要是开展拨乱反正的思想政治教育实践。一是开展揭批"四人帮"运动，揭露"四人帮"的严重错误，批判"四人帮"反动运动在各个方面的表现和实质，肃清"四人帮"的危害。二是批判"两个凡是"，开展真理标准大讨论，掀起解放思想的浪潮。在当时，"两个凡是"严重禁锢了人们的头脑。1978年5月11日，《光明日报》刊发了《实践是检验真理的唯一标准》，引发真理标准大讨论，批判"两个凡是"的错误。邓小平同志指出：《实践是检验真理的唯一标准》这篇文章，是马克思主义的；争论不可避免，争得好，根源是"两个凡是"①。同时，真理标准大讨论也掀起了解放思想的浪潮，直接推动改革开放。总的来说，1978—1982年伟大历史转折与改革开放起步阶段的思想政治教育实践，主要是围绕拨乱反正、开启改革开放的中心工作而开展。

2. 党的十二大、十三大社会主义现代化进程中的思想政治教育实践。党的十二大和十三大开创了中国特色社会主义现代化建设的新局面。这个时期围绕建设中国特色社会主义各项工作而开展。1982年党的十二大之后，党和国家重点开展了行业性、群众性的思想政治教育实

---

① 中央文献研究室.邓小平年谱（1975—1977）[M].北京：中央文献出版社，1998：72.

践。一是通过行业依托、发挥行业特色开展思想政治教育实践，包括提高党员素质的教育活动、提高党组织战斗力的实现党风根本好转的全面整党活动；基于企业职工作为工人阶级的主体部分以及企业职工思想出现的新情况、新问题开展加强企业职工的思想政治教育；为了促进农村发展开展以物质文明建设和精神文明建设为中心的思想政治教育。二是开展全国群众性的思想政治教育实践活动，包括开展文明礼貌、"五讲四美三热爱"、创建文明单位和文明城市等群众性的精神文明创建活动。三是在军队系统地开展学习马克思主义理论、学习科学文化知识、开展军民共建社会主义精神文明、开展普法教育等思想政治实践。四是在教育系统开展以"教育面向现代化、面向世界，面向未来"为基础，以培养"有理想、有道德、有文化、有纪律"的时代新人为目标，以改革创新学校思想品德和政治理论教学、加强学生日常思想政治教育与管理、提升教师、学校管理人员思想道德水平和综合能力为中心任务的思想政治教育实践。

1987 年党的十三大之后，党和国家围绕建设中国特色社会主义理论与实践开展思想政治教育实践。一是开展社会主义初级阶段理论教育。邓小平同志指出："我们党的十三大要阐述中国特色社会主义是处于一个什么阶段，就是处在初级阶段，是初级阶段的社会主义。社会主义本身是共产主义初级阶段，而我们中国又处在社会主义的初级阶段，就是不发达的阶段。一切都要从这个实际出发，根据这个实际来制订规划。"① 党的十三大后全国开展了社会主义初级阶段的国情教育。二是党的十三大报告制定了社会主义初级阶段的基本路线：领导和团结全国各族人民，以经济建设为中心，坚持四项基本原则，坚持改革开放，自

---

① 邓小平．邓小平文选：第 3 卷 [M]．北京：人民出版社，1993：252.

力更生，艰苦创业，为把我国建设成为富强、民主、文明、和谐的社会主义现代化国家而奋斗。党的十三大之后，思想政治教育的重点实践是深刻理解党的基本路线，使全党、全国人民思想一致、行动一致，贯彻执行党的基本路线。三是开展改革开放政策教育，包括反对资产阶级自由化、巩固社会主义意识形态、进一步推动思想解放等教育实践活动。总的来说，1982年到1992年思想政治教育实践主要围绕阐明中国特色社会主义的路线、方针、政策而开展，为改革开放提供思想动力。

3. 党的十四大、十五大社会主义市场经济条件下的思想政治教育实践。邓小平同志的南方谈话进一步推动了思想解放，促进了党的十四大确立社会主义市场经济体制改革的目标。在社会主义市场经济条件下思想政治教育开展了新的实践。党的十四大后，思想政治教育实践包括：在企业里开展适应市场经济体制改革的企业职工教育实践；在农村开展社会主义教育、加强社会主义精神文明建设教育等实践活动；在学校开展推进高等学校思想政治教育改革创新、落实新的学校德育体系等实践活动；在军队开展加强和改进政治工作、学习英雄模范人物活动等实践活动；在非公有制经济领域，开展以"团结、帮助、引导、教育"为指导方针的系列教育实践活动。

党的十五大把邓小平理论确立为党的指导思想并写入党章，所以这一时期思想政治教育的重点实践首先是学习宣传邓小平理论，用来建设有中国特色社会主义理论武装人民群众的头脑；其次是对党员干部开展"讲学习、讲政治、讲正气"的整风行动、在全社会开展公民道德建设活动；最后是2000年年初，"三个代表"重要思想提出来后，学习贯彻"三个代表"重要思想活动在全国全面开展，全国各地、各个层面、各个系统有计划、有步骤地开展"三个代表"重要思想学习教育活动。

4. 党的十六大、十七大全面建设小康社会的思想政治教育实践。

进入 21 世纪，中国进入全面建设小康社会、加强推进社会主义现代化建设的新的发展阶段。这一时期，思想政治教育肩负新的任务，开展新的实践行动。2002 年党的十六大召开以后，思想政治教育围绕学习贯彻党的十六大精神、学习贯彻"三个代表"重要思想而展开，重点开展了加强党的执政能力建设宣传教育、保持共产党员先进性教育、加强和改革青少年思想政治教育、加强构建社会主义和谐社会宣传教育等实践行动。党的十七大以后，全党全社会掀起了学习和贯彻党的十七大精神热潮，思想政治教育开展了学习实践科学发展观、建设社会主义核心价值体系、建设马克思主义学习型政党和加强中国特色社会主义理论体系等教育实践活动。

（二）改革开放和社会主义现代化建设时期思想政治教育有效性的主要表现

在改革开放和社会主义现代化建设时期，我国取得了辉煌的成就，这与思想政治教育给予的重要支持密不可分。这一时期思想政治教育有效性主要表现在以下几个方面。

1. 有力地推动了改革开放的发展。新时期最鲜明的特点是改革开放。邓小平同志指出："改革是中国的第二次革命。"[①] 思想政治教育有力地推动了改革开放的发展。一是通过真理标准大讨论，推动了拨乱反正工作，促进了人的思想解放，重新确立了实事求是的思想路线，为推动改革开放发展奠定了思想基础。二是通过坚持四项基本原则的宣传教育、党的先进性教育、理想信念教育等，击退了各种错误思潮的影响，巩固了社会主义意识形态，坚定了改革开放前进的方向。三是以服务经济建设为中心，深入地宣传教育改革开放的方针、政策、路线，凝聚了

---

① 邓小平．邓小平文选：第 3 卷 ［M］．北京：人民出版社，1993：113.

全国全党力量推进改革开放建设，推动了经济、政治、文化、社会、生态、军事、外交等全方面多领域的发展。四是不断地推动思想解放，深入地诠释社会主义本质论、社会主义市场经济理论，推动社会主义市场经济体制的确立和发展。

2. 有效地宣传党的最新理论成果。邓小平同志指出："我们现在所干的事业是项新事业，马克思没有讲过，我们的前人没有做过，其他社会主义也没有干过，所以，没有现成的经验可学。我们只能在干中学，在实践中摸索。……关键在于不断地总结经验。"① 改革开放和社会主义现代化建设时期，党不断地总结经验成果，推进马克思主义中国化不断发展，创立了邓小平理论、"三个代表"重要思想、科学发展，为国家发展提供了最新的指引。思想政治教育以宣传和教育党的最新理论为重要任务，推动了全社会对邓小平理论、"三个代表"重要思想、科学发展，有效地推进了马克思主义大众化，为人民群众掌握新时代的思想武器提供了重要的力量。

3. 加强了全社会的精神文明建设。党和国家重视社会主义精神文明建设的地位，邓小平同志指出："社会主义精神文明是社会主义社会的重要特征，是现代建设的重要目标和重要保证。"② 思想政治教育是搞好精神文明建设的基本保证，思想政治教育认真落实社会主义精神文明建设，实效明显。一是在全社会加强马克思主义教育。邓小平同志指出："我们搞改革开放，把工作重心放在经济上，没有丢马克思，没有丢列宁，也没有丢毛泽东。老祖宗不能丢啊！"③ 加强全社会的精神文

① 邓小平. 邓小平文选：第3卷［M］. 北京：人民出版社，1993：258-259.
② 中共中央文献研究室. 十四大以来重要文献选编（下）［M］. 北京：人民出版社，1999：2045.
③ 邓小平. 邓小平文选：第3卷［M］. 北京：人民出版社，1993：369.

明建设，推动马克思主义理论教育，党员干部、人民群众等人对马克思主义有了更深入的认识，能够更好地利用马克思主义。二是全社会思想道德建设取得显著实效，包括党的理论教育、理想教育、爱国主义教育、集体主义教育、社会主义教育、世界观和人生观教育、道德观教育、艰苦创业教育、民主法制教育、社会公德教育、职业道德教育、家庭美德教育、个人品德教育都深入开展，起到了增强国家进步凝聚力以及民族发展向心力作用，并且全面提升国民素质。三是有利于加强教育科学文化建设，为文学艺术、新闻出版、广播电视、卫生本育、图书馆、博物馆等各项文化事业和哲学社会科学发展提供思想政治保障，使社会形成丰富的文化精神产品，满足人民群众的物质文化需要。

4. 助力于国家培养"四有新人"。在改革开放和社会主义现代化建设时期，思想政治教育的目标是培养"四有新人"。邓小平同志指出，"在建设具有中国特色社会主义时，一定要坚持发展物质文明和精神文明，坚持五讲四美三热爱，教育全国人民做到有理想、有道德、有文化、有纪律。这四条里面，理想和纪律特别重要"①。为了培养"四有新人"，学校思想品德与政治理论课进行了改革创新，体现出了"面向现代化、面向时代、面向未来"的特色，更符合了不同年龄段学生思想、知识、心理发展的特点，学生的理论素养、思想道德水平、民主法治意识、综合素质等方面都显著得到了提升。同时，加强了学校教职工的思想道德建设，大力提倡教书育人、服务育人，营造培养"四有新人"的良好环境。邓小平同志指出，"全党要旗帜鲜明地坚持四项基本原则，深入、健康、持久地反对资产阶级自由化，坚持改革、开放、搞

---

① 邓小平. 邓小平文选：第3卷［M］. 北京：人民出版社，1993：110.

活的总方针、总政策，为青年学生的健康成长创造一个良好的社会环境"①。因此，整个社会培养"四有新人"的有效环境基本形成。

（三）改革开放和社会主义现代化建设时期思想政治教育有效性的历史经验

思想政治教育为改革开放和社会主义现代化建设起到了保驾护航的作用。回顾历史丰富内容，这一时期思想政治教育取得有效性的历史经验如下：

1. 思想政治教育取得了显著的有效性，要重视物质文明建设和精神文明建设相协调。马克思把社会比喻成一座大厦，并把社会关系区分为经济基础和上层建筑。经济基础与上层建筑矛盾运动的规律，是人类社会发展的基本规律之一。思想政治教育属于上层建筑的范畴。改革开放和社会主义现代化建设时期，思想政治教育取得有效性的重要原因就是不断调整方式，从而实现与经济基础的相适合。改革开放确定以经济建设为中心，思想政治教育插到"经济工作里面去做"②，为经济发展服务，是取得实效性的基础。同时，这一时期的思想政治教育也充分肯定了人的物质利益，把握到离开物质利益而只谈思想政治教育是违背社会规律。邓小平同志指出："不讲多劳多得，不重视物质利益，对少数先进分子可以，对广大群众不行，一段时间可以，长期不行。革命精神是非常宝贵的，没有革命精神就没有革命行动。但是，革命是在物质利益的基础上产生的，如果只讲牺牲精神，不讲物质利益，那就是唯心论。"③ 当然，这并不意味经济决定一切、物质决定一切，同时要重视

---

① 中央宣传部办公厅. 党的宣传工作文献选编［M］. 北京：中共中央党校出版社，1994：1581.

② 邓小平. 邓小平文选：第2卷［M］. 北京：人民出版社，1994：150.

③ 邓小平. 邓小平文选：第2卷［M］. 北京：人民出版社，1994：146.

精神文明建设。邓小平同志强调，"在工作重心转到经济建设以后，全党要研究如何适应新的条件，加强党的思想工作，防止埋头经济工作、忽视思想工作的倾向"。所以，重视物质文明建设和精神文明建设相协调是这一时期思想政治教育取得显著有效性的重要法宝。

2. 思想政治教育取得显著的有效性，要立足国情、把握形势。"国情"就是指中国的实际，把握国情是坚持解放思想、实事求是，从实际出发建设社会主义的关键。"中小学德育工作必须坚持以马克思主义为指导，认真贯彻党在社会主义初级阶段的基本路线，遵循党关于社会主义精神文明建设的指导方针。"① 改革开放和社会主义现代化建设时期，思想政治教育立足社会主义初级的国情，遵循基本路线，为取得实效性形成了重要条件。同时，基于改革开放形势发展变化迅速的情况，思想政治教育保持把握形势、坚持与时俱进的创新思维。例如，1992年党的十四大以后，国家实现了从计划经济转向市场经济，思想政治教育基于市场经济条件促进企业职工、党员干部、非公有制经济相关人员与一般社会民众开展相关实践行动，保障了社会主义市场经济的良性运行。所以，实践在变化、理论在创新，思想政治教育只有立足国情、把握形势才有可能取得显著的有效性。

3. 思想政治教育取得显著的有效性，要注重方式方法创新。方法是达到目标不可或缺的条件，思想政治教育有效性的实现需要在继承的基础上不断进行创新。邓小平同志指出："时间不同了，条件不同了，对象不同了，因此解决问题的方法也不同。"② 一是要利用融入国家各项工作以及解决实际问题的方法。这样才能抓住关键问题，找准切入点，精准地发挥思想政治教育的引领作用和保障作用。二是要采用积极

---

① 十三大以来重要文献选编（上）[M]．北京：中央文献出版社，2011：314.
② 邓小平．邓小平文选：第2卷[M]．北京：人民出版社，1994：119.

参与自我教育的方法。只有群众自发地参与才有利于向群众说清道理，增加认识，实现社会主义价值的内化。三是要利用发挥新媒体舆论引导的方法。思想政治教育需要媒体传播。新时期广播、电视、互联网等媒体的作用越来越大，思想政治教育要善于运用媒体拓展理论宣传的范围、创新理论传播的方法、丰富教育实践的形式。四是要利用典型示范的方法。先进集体和先进个人是进行思想政治教育的重要载体。思想政治教育要重视典型示范的方法，弘扬他们的优秀精神品格，促进全社会形成崇尚先进、学习先进的良好社会风气。五是注重采用批评与自我批评的方法。邓小平同志指出"解决思想战线混乱的主要方法，仍然是开展批评与自我批评。"① 采用批评与自我批评能充分体现思想政治教育的民主性和自我教育性，有利于提高实效。

4. 思想政治教育取得显著的有效性，要依据人才培养目标。目标指明方向，为制路径提供思想指南。为国家培育合格人才是思想政治教育最根本的任务。改革开放和社会主义现代化建设时期的思想政治教育紧紧围绕培育"四有新人"培养目标而展开取得了重要教育实效性。这表明思想政治教育依据人才培养目标而展开具有重要的价值意义。一是有利于教师依据人才培养目标，坚定自己的政治方向，提高自己的教学能力，满足学生成长成才的需要。二是要重点抓好青少年的思想政治教育。人才培养工作的重心是做好青少年的教育，所以思想政治教育要以青少年为目标对象。而加强青少年教育要重点突出理想教育、道德教育、文化教育和纪律教育，为青少年成长成才奠定良好的基础。三是要注重理论联系实际。思想政治教育不仅要注重理论教学，也要加强实践教学，深入开展社会实践，促进学以致用。四是要重点加强学校思想政

---

① 邓小平. 邓小平文选: 第 3 卷［M］. 北京: 人民出版社, 1993: 146.

治课程建设。学校思想政治课程是对学生开展思想政治教育的主渠道，是培养人才的关键课程。思想政治理论课要坚持马克思主义，优化教学内容，努力改进教学方法，不断提高教学质量。

第三章　现实论域：新时代思想政治教育
有效性的机遇与挑战

"机遇"是指机会，表示有利的境遇以及千载难逢的机遇；"挑战"是指要警惕可能的不利因素或者需要面对和克服的困难，强调要采取有效方法来应对新的情况或者新的问题。唯物辩证法表明，机遇与挑战相互并存、相互促进，把握机遇与认清挑战是推动现实发展必须把握好的两个重要方面。新时代思想政治教育有效性既有国家发展、社会进步、党对意识形态建设的重视以及思想政治教育创新发展所形成的机遇，又有世界大变局、社会急剧变革、多元化社会思潮以及思想政治教育历史积累的问题所产生的挑战。"机遇"表明新时代思想政治教育有效性具有有利的境遇以及千载难逢的机会；"挑战"表明新时代思想政治教育有效性存在复杂多变的形势，是激发改革创新的重要动力。加强新时代思想政治教育的有效性，要把握好机遇，将机遇转化成为实实在在的效果；要认清挑战，敢于面对挑战，将挑战转化成为强大的前进力量。本章将从机遇与挑战两个方面论述新时代思想政治教育有效性的现实境遇。

一、新时代思想政治教育有效性的机遇

思想政治教育是社会主义事业的重要组成部分。国家力量的提升、对教育重视并优先发展的理念以及对思想政治教育的赋能等都是思想政治教育的机遇。中国特色社会主义进入新时代，我国实现了伟大的变革，综合国力获得大幅提升，社会主义优越性得到充分体现，教育事业取得了蓬勃发展，思想政治教育重视程度显著提升，这为提升新时代思想政治教育有效性创造了重大机遇。

（一）新时代思想政治教育坚实物质基础

物质资料的生产是全部社会生活的基础，物质资料的生产方式是社会发展的决定力量。人类的第一需求是物质资料，人类社会的存在与发展，需要自己的物质基础。马克思指出："人们的国家制度、法的观点、艺术以至宗教观念，就是从这个基础上发展起来的，因而，也必须由这个基础来解释。"[①] 从马克思主义的观点可以看到，经济发展创造物质条件影响甚至是决定思想政治教育的发展。

进入中国特色社会主义新时代，我国经济实力实现了历史性跃升。党的二十大报告指出，进入新时代的十年"国内生产总值从五十四万亿元增长到一百一十四万亿元，我国经济总量占世界经济的比重达百分之十八点五，提高七点二个百分点，稳居世界第二位；人均国内生产总值从三万九千八百元增加到八万一千元"[②]。经济发展是社会发展的核

[①]　马克思，恩格斯．马克思恩格斯论文学与艺术：第 1 卷 [M]．陆梅林，译．北京：人民文学出版社，1982：85-86.

[②]　习近平．高举中国特色社会主义伟大旗帜　为全面建设社会主义现代化国家而团结奋斗——在中国共产党第二十次全国代表大会上的报告 [M]．北京：人民出版社，2022：8.

心力量，为提高思想政治教育有效性奠定了重要物质基础。

1. 经济发展为增强新时代思想政治教育实施力量提供了坚实的物质基础。思想政治教育的实施力量指的是思想政治教育的教育者，其是指"依据一定阶级、政党的要求对教育对象进行思想政治教育，以提高教育对象思想政治素质的个体或群体"[①]。思想政治教育的实施力量在思想政治教育过程中起到发起者、实施者的功能以及发挥实施者的作用，在整个思想政治教育实践中居于主导地位。

思想政治教育的实施力量与国家经济发展存在正相关的关系，即是国家经济发展有利于提升思想政治教育实施者的力量。一是经济发展有利于壮大思想政治教育实施者队伍。思想政治教育需要有足够专职或者兼职的实施者才能确保其有效地运转。以学校思政课为例，国家规定了大中小学思政教师队伍建设。2019 年教育部等五部门印发《关于加强新时代中小学思想政治理论课教师队伍建设的意见》[②]，2020 年教育部印发了《新时代高等学校思想政治理论课教师队伍建设规定》[③]，这两个文件分别规定高校严格按照师生比不低于 1：350 的比例核定专职思政课教师岗位；规定初中、高中应配齐专职思政课教师；规定小学低、中年级应配备一定数量的专职思政课教师，小学高年级思政课教师应以专职为主，有条件的地方可逐步提升专职配备比例等。显然，教师队伍的壮大需要有物质保障。我国经济发展为大中小学实现思政课教师配备比例奠定了物质基础。二是经济发展有利于提升思想政治教育实施者的

---

① 郑永廷，刘书林，沈壮海．思想政治教育原理 [M]．北京：高等教育出版社，2016：205．

② 教育部等五部门印发《关于加强新时代中小学思想政治理论课教师队伍建设的意见》[EB/OL]．中华人民共和国中央人民政府网，2019-10-14．

③ 新时代高等学校思想政治理论课教师队伍建设规定 [EB/OL]．中华人民共和国中央人民政府网，2019-10-14．

素质。思想政治教育实施者需要具备良好的综合素质，包括思想素质、政治素质、道德素质、法律素质、专业技能素质等方面，并且这些素质需要与时俱进。这就要求国家为思想政治教育实施者提供必要的学习平台和学习机会。而提供这些学习平台和学习机会是需要有物质支持的。以思政课教师为例，目前全国各地关于思政课教师共建共享的建设联盟、理论研究中心以及集体备课中心等各类师资队伍合作交流平台得到了良好的构建。所以，经济发展为提升思想政治教育实施者素质创造了更多的条件。三是经济发展有利于思想政治教育实施者专心进行教育工作。经济发展进步，思想政治教育实施者的工作条件得到改善，工资待遇得到保障，有利于思想政治教育实施者认同自身的工作价值，专心钻研工作。

2. 经济发展为改善新时代思想政治教育实施条件提供了坚实的物质基础。教育实施条件是构成思想政治教育系统的要素之一。教育实施条件包括教学空间和教育设备为主的教育硬件以及以教育资源为中心的教育软件。思想政治教育实施条件的"好"或"差"将会直接影响教育的有效性。

经济发展能为改善新时代思想政治教育实施条件提供物质保障。一是经济发展有利于构建新时代思想政治教育公共空间。思想政治教育公共空间是指"一种开展思想政治教育的客观物质形式，是一种公众以空间形式来强化价值信仰、'集体记忆'和群体身份认同的有效方式"[1]。这具体包括：爱国主义教育基地、法制教育广场、禁毒主题公园、博物馆、道德教育馆所、纪念塑像、历史文化遗址等。经济发展有利于国家有更多的物质力量来构建以及维护思想政治教育公共空间。二

---

[1] 展伟. 思想政治教育公共空间研究［D］. 南京：南京师范大学，2017：32.

是经济发展有利于改进新时代思想政治教育教学设备。随着时代发展，新时代思想政治教育不能只依靠粉笔、黑板等传统教学设备，而是要有更多的实现多媒体网络化的教学设备。以网络设备为例，新时代思想政治教育需要有现代化的网络设备，这包括先进网络基础设施，电脑、手机、平板等终端设备，网站、网络资源平台、VR 资源等软件设备。构建现代化的网络设备需要有足够财力支撑。因此，只有国家经济不断发展，新时代思想政治教育改进教学设备才能更具有物质保障。三是经济发展有利于开发利用更多的新时代思想政治教育资源。教育资源是教育开展的必要载体。新时代思想政治教育资源包括课程资源、文化资源、历史资源、道德资源、网络资源等。习近平总书记指出："推动思想政治理论课改革创新，要坚持显性教育和隐性教育相统一，挖掘其他课程和教学方式中蕴含的思想政治教育资源，实现全员全程全方位育人。"①经济发展能为新时代思想政治教育资源的开展利用提供保障。

3. 经济发展为提高新时代思想政治教育的重要地位提供坚实的物质基础。思想政治教育的重要地位是指思想政治教育在国家发展之中发挥着不可替代的作用。实践证明，把思想政治教育放在适当地位，是做好思想政治教育工作的基础。中国共产党成立以来，思想政治教育事业始终是党克服困难、赢得民心、取得胜利的关键。

随着经济发展，新时代思想政治教育重要地位不断提升。一是经济发展有利于增强思想政治教育的需要。"仓廪实而知礼节，衣食足而知荣辱。"经济发展、人民生活水平提高一定程度上激发国家和人民普遍注重礼节、崇尚礼仪、弘扬美德的需要。在我国，思想政治教育具有"注重礼节、崇尚礼仪、弘扬美德"的导向功能。随着经济发展，人民

---

① 习近平. 思政课是落实立德树人根本任务的关键课程 [J]. 奋斗，2020（17）：4-16.

道德需求显著增强，这将进一步提高新时代思想政治教育重要地位。二是中国式现代化需要有思想政治教育支撑。我国经济发展奠定了中国式现代化物质基础。新时代、新征程，我国发展的中心任务是以中国式现代化全面推进中华民族伟大复兴。中国式现代化是全面的现代化，需要有精神支撑。党的二十大报告指出："中国式现代化是物质文明和精神文明相协调的现代化。物质富足、精神富有是社会主义现代化的根本要求。物质贫困不是社会主义，精神贫乏也不是社会主义。我们不断厚植现代化的物质基础，不断夯实人民幸福生活的物质条件，同时大力发展社会主义先进文化，加强理想信念教育，传承中华文明，促进物质的全面丰富和人的全面发展。"① 中国式现代化对精神文明建设的要求有利于进一步提高新时代思想政治教育的重要地位。

（二）新时代思想政治教育具有制度优势

中国特色社会主义取得的巨大成就，集中显示出了中国特色社会主义制度具有的巨大优势。习近平总书记指出："中国特色社会主义制度是当代中国发展进步的根本制度保障，是具有鲜明中国特色、明显制度优势、强大自我完善能力的先进制度。"② 中国特色社会主义制度优势是中国共产党先进性的根本体现，具有赋能中国特色社会主义事业各项工作的优势。中国特色社会主义制度优势是新时代思想政治教育提升有效性的根本保证。

1. 党的坚强领导是提升新时代思想政治教育有效性的保证。中国共产党百年历史取得辉煌成就的关键是党的坚强领导。习近平总书记指

---

① 习近平. 高举中国特色社会主义伟大旗帜 为全面建设社会主义现代化国家而团结奋斗——在中国共产党第二十次全国代表大会上的报告［M］. 北京：人民出版社，2022：22-23.

② 习近平. 习近平谈治国理政：第2卷［M］. 北京：外文出版社，2017：36.

出，"办好中国的事情，关键在党。中国特色社会主义制度的最大优势是中国共产党领导。坚持和完善党的领导，是党和国家的根本所在、命脉所在，是全国各族人民的利益所在、幸福所在①"。在中国共产党百年历史进程中，党把思想政治工作作为其他工作的"生命线"，为思想政治教育进行顶层设计，明确思想政治教育的主要任务、前进方向、实践路径等。进入中国特色社会主义新时代，中国共产党以"全面从严治党"为中心引领党的伟大的自我革命，进一步增强"四个意识"、坚定"四个自信"、做到"两个维护"，不断提高党科学执政、民主执政、依法执政水平，充分发挥党总揽全局、协调各方的领导核心作用。新时代党的领导能力进一步加强将全面赋能我国各项事业的发展，是提高新时代思想政治教育有效性的保证。

2. 尊重发展规律是提升新时代思想政治教育有效性的保证。只有认识规律、尊重规律才能明白中国特色社会主义制度优势来源以及发挥中国特色社会主义制度优势力量。只有尊重中国特色社会主义制度发展规律，新时代思想政治教育才会"不折腾""不倒退"。人类社会发展和自然存在一样，具有客观规律性。马克思、恩格斯揭示生产力与生产关系矛盾运动规律和经济基础与上层建筑矛盾运动的规律，是人类社会发展的一般规律。这些规律决定了社会形态的更替和历史发展的基本趋势。中国特色社会主义制度就是在把握人类社会发展的一般规律的基础上建立的，它适应了我国作为经济文化落后国家在生产力与生产关系矛盾运动的特点、经济基础与上层建筑矛盾运动的特点。尊重中国特色社会主义制度的发展规律，有利于确保新时代思想政治教育沿着实事求是的方向前进，避免形式主义、教条主义、本本主义的发生，真真切切地

---

① 习近平.习近平谈治国理政：第 2 卷［M］.北京：外文出版社，2017：43.

追求有效性。

3. 坚持人民至上是提升新时代思想政治教育有效性的保证。人民性是马克思主义的本质属性，是我国根本的政治属性。我国宪法规定："中华人民共和国的一切权利属于人民。"中国共产党的宗旨是全心全意为人民服务，《中国共产党章程》规定："党除了工人阶级和最广大人民的利益，没有自己特殊的利益。"中国特色社会主义制度优势根基在于坚持人民至上。党的二十大报告指出："坚持以人民为中心发展教育，加快建设高质量教育体系，发展素质教育，促进教育公平。"① 中国特色社会主义制度坚持人民至上的价值追求，将引领新时代思想政治教育并重视人民力量，依靠人民智慧力量和首创精神，推进改革创新；将保证新时代思想政治教育站稳人民立场，践行以人民为中心的理念，为提高人民的精神素养服务；将保证新时代思想政治教育并维护人民利益，反对错误社会思潮，助力创建人民和谐幸福的社会；保证新时代思想政治教育引领人民树立正确的人生观、世界观、价值观，促进人民健康快乐生活。中国特色社会主义制度坚持人民至上的优势，保证新时代思想政治教育人民至上的价值维度，指明了"人民满不满意"是检验有效性的标准。

4. 取得实践成就是提升新时代思想政治教育有效性的保证。中国特色社会主义制度优势体现在实践成就中，即新中国成立以来党的面貌、国家的面貌、人民的面貌、军队的面貌、中华民族的面貌发生了前所未有的变化。中国特色社会主义制度取得实践成就，有利于增强新时代思想政治教育内容的真实性、可感性，以实践成就提高真理的力量，

---

① 习近平. 高举中国特色社会主义伟大旗帜 为全面建设社会主义现代化国家而团结奋斗——在中国共产党第二十次全国代表大会上的报告［M］. 北京：人民出版社，2022：22-23.

将社会主义制度优势的鲜活案例、可靠素材、有力数据转化为思想政治教育的内容载体；有利于新时代思想政治教育讲好中国故事，用生动的事实、无可辩驳的成就生动地反映社会主义时代脉搏，提高思想政治教育话语权；有利于新时代思想政治教育核心内容发展，不断吸收党的创新理论尤其是马克思主义中国化的最新理论成果，用习近平新时代中国特色社会主义思想武装人民群众的头脑；有利于新时代思想政治教育充分利用高科技手段，促进思想政治工作的手段和载体创新，增强思想政治教育的吸引力和感染力。

（三）新时代思想政治教育获得大力推进

党的十八大召开意味着中国特色社会主义进入新时代。新时代走过的这十多年，在以习近平同志为核心的党中央领导下，思想政治教育围绕中心，服务大局，不断丰富工作内容，拓展工作阵地，创新方式方法，为实现中华民族伟大复兴提供了重要支撑。过去十多年来思想政治教育大力推进，为提升新时代思想政治教育有效性奠定了良好的实践基础。

1. 党和国家高度重视新时代思想政治教育的发展。进入新时代，党和国家坚持思想政治工作是其他一切工作"生命线"的立场和观点，高度重视思想政治教育的发展。2018 年习近平总书记在全国宣传思想工作会议上的讲话强调了做好思想工作的意义和任务，指出"中国特色社会主义进入新时代，必须把统一思想、凝聚力量作为宣传思想工作的中心环节"①。"做好新形势下宣传工作，必须自觉承担起举旗帜、聚民心、育新人、兴文化、展形象的使命任务。"② 2019 年，习近平总书

---

① 习近平. 习近平谈治国理政：第 3 卷 [M]. 北京：外文出版社，2020：311.
② 习近平. 习近平谈治国理政：第 3 卷 [M]. 北京：外文出版社，2020：312.

记在主持学校思想政治理论课教师座谈会中指出："思政课是落实立德树人根本任务的关键课程""办好思想政治理论课意义重大"①。为了加强学校思想政治教育，相关部门出台了一系列指导性文件或意见，包括《关于全面深化课程改革落实立德树人根本任务的意见》（2014）、《完善中华优秀传统文化教育指导纲要》（2014）、《关于深化新时代学校思想政治理论课改革创新的若干意见》（2019）、《新时代学校思想政治理论课改革创新实施方案》（2020）、《全面推进"大思政课"建设的工作方案》（2022），等等。这些方面充分体现出国家对新时代思想政治教育的重视。党和国家的高度重视是新时代思想政治教育取得有效性的重要条件。

2. 深入学习和贯彻习近平新时代中国特色社会主义思想。党的二十大在总结新时代十年取得的伟大成就时指出，"我们创立了新时代中国特色社会主义思想"②。党的十八大以来党和国家推动思想政治教育来承担党的最新理论成果宣传和教育的工作。其中，在党的十八大到党的十九大期间，以深入学习党的十八大精神、深入学习宣传习近平总书记系列重要讲话精神为主线，开展深化中国特色社会主义理论的学习宣传教育、实现中华民族伟大复兴的中国梦教育、学习宣传贯彻"四个全面"战略布局和新发展理念；在党的十九大到党的二十大期间，以深入学习宣传贯彻党的十九大精神为中心政治任务，推动广大干部群众深入学习领会习近平新时代中国特色社会主义思想；党的二十大以后，全党全国掀起学习和贯彻党的二十大精神和习近平新时代中国特色社会

---

① 习近平. 思政课是落实立德树人根本任务的关键课程［J］. 奋斗，2020（17）：4-16.

② 习近平. 高举中国特色社会主义伟大旗帜 为全面建设社会主义现代化国家而团结奋斗——在中国共产党第二十次全国代表大会上的报告［M］. 北京：人民出版社，2022：6.

主义思想的热潮。显然，深入学习和贯彻习近平新时代中国特色社会主义思想是新时代思想政治教育的中心工作，它为提升新时代思想政治教育有效性奠定了基础并且指明了前进方向。

3. 培育和践行社会主义核心价值观。社会主义核心价值观是社会主义意识形态的高度凝练和集中表达。培养和践行社会主义核心价值观是思想政治教育的重要工作。党的十八大以来，党和国家高度重视社会主义核心价值观建设，"把培育和弘扬社会主义核心价值观作为凝魂聚气、强基固本的基础工程"①；深化社会主义核心价值观学习教育实践活动，各级各部门着力抓好党员干部、公众人物、青少年、先进模范等重点人群，不断增加广大群众核心价值观的认知认同；综合运用舆论宣传、理论阐释、文化传播、社会宣传、政策法规制度等多种形式，努力使人民将社会主义核心价值观"内化于心，外化于行"，推动形成全民践行社会主义核心价值观的良好局面。新时代走过的十多年，培育和践行社会主义核心价值观深入推进并取得良好成效，为提升新时代思想政治教育的有效性提供经验启示。

4. 加强社会主义意识形态建设。加强社会主义意识形态建设是维护社会主义政权的重要举措，是党必须认真开展的工作。思想政治教育是加强意识形态的主渠道。党的十八大以来，采用多种方法开展社会主义意识形态建设工作，牢牢把握意识形态工作的领导权。这些工作包括：找准宣传工作的切入点和着力点，加强和改进思想宣传工作；通过编好教材、建好队伍、把课讲好等方式全面加强思想政治理论课；坚持以人民为中心的发展思想，推进网络强国建设，指导网络思想政治教育创新发展；通过召开全国高校思想政治工作会议，明确加强和改进高校

---

① 习近平. 习近平谈治国理政：第 1 卷［M］. 北京：外文出版社，2014：163.

思想政治工作的重大意义、目标定位、主要任务和基本要求。新时代走过的十多年，党和国家在加强社会主义意识形态建设开展的系列工作以及取得的成效为提升新时代思想政治教育的有效性做出了重要的探索，有利于进一步实践行动。

二、新时代思想政治教育有效性的挑战

挑战与机遇是并存的，挑战也是事物前进的推动力量。新时代思想政治教育面临的挑战在不断增大，这既包括来自世界形势变化的挑战、国内社会变革的挑战，又包括思想政治教育自身存在的问题的挑战。这些挑战对新时代思想政治教育有效性会产生制约与影响，需要深入地洞察和积极主动地面对。

（一）新时代思想政治教育有效性受到世界变局挑战

新时代处于世界大变局之中。"百年未有之大变局"是习近平总书记立足新时代、新征程的历史阶段，洞察世界发展大势而提出来的科学、准确的论断。2017 年 12 月，习近平总书记指出："放眼世界，我们面对的是百年未有之大变局。"[①] 2018 年 6 月，习近平总书记在中央外事工作会议上指出："我国处于近代以来最好的发展时期，世界处于百年未有之大变局。"[②] 经过习近平总书记的深入论述，我国对世界处于百年未有之大变局有了普遍的共识。百年未有之大变局引发诸多挑战："世界面临的不稳定性不确定性突出，世界经济增长乏力，贸易保护主义、孤立主义、民粹主义等思潮不断抬头，贫富分化日益严重，地区热点问题此起彼伏，恐怖主义、网络安全、重大传染性疾病、气候变

---

① 习近平．习近平谈治国理政：第 3 卷［M］．北京：外文出版社，2020：421.
② 习近平．习近平谈治国理政：第 3 卷［M］．北京：外文出版社，2020：428.

化等非传统安全威胁持续蔓延。"① 这些挑战会传导给新时代的思想政治教育，从而形成影响其对新时代思想政治教育有效性的挑战。

1. 国际秩序嬗变对新时代思想政治教育有效性的挑战。国际秩序嬗变是指以西方国家为核心的国际格局和国际秩序的变化，主要表现为世界权力结构"东升西降"和国际关系"南分北合"。"东升西降"，一方面指的是非西方国家和地区的不断崛起，特别是社会主义走出低潮，中国特色社会主义事业蓬勃发展、力量提升；另一方面是西方资本主义国家危机的加剧，在国际影响力方面的地位下降。"南分北合"，一方面是欧美发达资本主义国家在实力下降过程中，矛盾增大、分歧增多，相互割裂的局面加剧；另一方面，新兴经济体和发展中国家在实力提升过程中，合作增加、共识增强，在国际舞台形成团结合作的局面。国际秩序嬗变表明，"世界秩序的不稳定和不确定性不断地增加，发展与遏制、合作与对抗、机遇与风险、矛盾与危机、焦虑与失序并存②"。在这种背景下西方国家对我国意识形态的干扰加强，用不同的方式制造"中国威胁论"，"唱衰"或者"抹黑"中国，不断"冲击、弱化我们意识形态领导权"③。西方意识形态的干扰、威胁对新时代思想政治教育有效性产生了直接挑战。

2. 中华民族复兴对新时代思想政治教育有效性的挑战。实现中华民族伟大复兴是中华民族近代以来最伟大的梦想。在中国共产党的坚强领导下，在取得伟大成就的改革开放进程中，"现在，我们比历史上任

---

① 中共中央宣传部. 习近平新时代中国特色社会主义思想学习纲要［M］. 北京：人民出版社，2019：210.

② 李鹏，李帆. 论"世界处于百年未有之大变局"的表现、困境与根源［J］. 岭南学刊，2021（5）：11-17.

③ 尤国珍. 百年未有之大变局下的意识形态建设［J］. 观察与思考，2022（2）：71-77.

何时期都更接近中华民族伟大复兴的目标，比历史上任何时期都更有信心、有能力实现这个目标①"。中华民族复兴对新时代思想政治教育有效性会产生以下几方面的挑战。一是中华民族伟大复兴要求有坚强的思想政治建设作为后盾，需要强化意识形态领导，这将对新时代思想政治教育有效性提出更高的要求；二是中华民族伟大复兴意味着中国走进世界舞台的中心，受到西方的干扰可能加强，意识形态建设的难度增大，这使得提升新时代思想政治教育有效性的形势变得复杂；三是中华民族伟大复兴意味着中国日益强大，对国民心理层面会产生复杂影响，"表现为'自信'与'自大'的心态、'自豪'与'张扬'的心态并存且界限不清"②。这会使国内的一些民众产生"自我肿胀""盲目排外"的不良心态，对新时代思想政治教育有效性会产生严重的挑战。

（二）新时代思想政治教育有效性受到社会变革挑战

在新时代的十年里，我国发生了深刻的社会变革。党的二十大报告指出，"新时代十年的伟大变革，在党史、在新中国史、改革开放史、社会主义发展史、中华民族发展史上都具有里程碑意义③"。新时代社会变革引发的新情况、新问题会传导到思想政治教育系统之中，对其有效性产生一定的挑战。

1. 社会主要矛盾转变对新时代思想政治教育有效性的挑战。党的十九大报告指出："中国特色社会主义进入新时代，我国社会主要矛盾

---

① 习近平. 习近平谈治国理政：第1卷［M］. 北京：外文出版社，2014：36.
② 刘睿，黄金金. 世界百年未有之大变局下大学生爱国主义教育探究［J］. 学校党建与思想教育，2022（24）：66-69.
③ 习近平. 高举中国特色社会主义伟大旗帜 为全面建设社会主义现代化国家而团结奋斗——在中国共产党第二十次全国代表大会上的报告［M］. 北京：人民出版社，2022：15.

已经转化为人民日益增长的美好生活需要和不平衡不充分的发展之间的矛盾。"① 这表明我国社会的生产水平有了很大的提升，已经摆脱了总体落后的状态，我国人民在物质文化层面的需求基本得到满足，并开始追求更高层次的美好生活需要。这给新时代思想政治教育有效性带来以下几方面挑战：一是新时代思想政治教育要关注和化解的矛盾复杂化，不仅要关注人民物质文化需要的矛盾，而且要关注人民法治、公平、正义、安全、环境等方面需要的矛盾；二是新时代"不平衡不充分问题"变得较为突出，对人民心理冲击比较大，思想政治教育内容和价值被人民认同的难度有所增大；三是新时代人民的需求日益提高，对思想政治教育的要求也会随之提高，思想政治教育内容体系、话语体系、方式方法要通过不断变革来满足人民的需求。

2. 推进中国式现代化对新时代思想政治教育有效性的挑战。现代化是人类社会发展的一种特质的体现。在近现代欧美等发达资本主义国家通过工业革命、启蒙运动等重大历史实践开启了现代化，并且形成了主导世界现代化发展的"西方模式"。1840 年鸦片战争之后，清政府被迫打开国门。为改变半封建半殖民地的国家命运，我国曾学习欧美国家的现代化道路、日本的现代化道路、苏联的现代化道路，但是都没有成功，最终只有中国式现代化才真正适合我国发展。党的二十大报告指出："从现在起，中国共产党的中心任务就是团结带领全国各族人民全面建成社会主义现代化强国、实现第二个百年奋斗目标，以中国式现代化全面推进中华民族伟大复兴。"② 在推进中国式现代化过程中，新时

---

① 习近平. 习近平谈治国理政：第 3 卷［M］. 北京：外文出版社，2020：9.

② 习近平. 高举中国特色社会主义伟大旗帜 为全面建设社会主义现代化国家而团结奋斗——在中国共产党第二十次全国代表大会上的报告［M］. 北京：人民出版社，2022：21.

代思想政治教育需要向人民群众、向世界阐释好中国式现代化的本质、特征、任务；需要突出中国式现代化的优势，批判"一些国家通过战争、殖民、掠夺等方式实现现代化"①带来的深重苦难以及不适合中国国情的问题；需要应对西方资本主义国家对中国式现代化"指手画脚"的意识形态干预；需要凝聚全国人民的共同力量为实现中国式现代化而奋斗。这些方面都会产生新时代思想政治教育有效性的重大挑战。

3. 社会思潮多元化对新时代思想政治教育有效性的挑战。在改革开放大潮下，市场经济使社会利益明显分化，社会思潮多元化具有了形成的土壤。马克思、恩格斯在《德意志意识形态》中指出的："意识一开始就是社会的产物，而且只要人们存在着，它就仍然是这种产物。"②在我国社会大变革时期，我国存在拜金主义思潮、享乐主义思潮、后现代主义思潮、女权主义思潮、西方消费主义思潮、新自由主义思潮、民主社会主义思潮、历史虚无主义思潮，等等。它们对人们的思想产生了一定的影响，对我国社会主流意识形态产生一定的冲击。"多种社会思潮不断涌现并激烈碰撞，不仅冲击着马克思主义在我国意识形态领域的主导地位，还给管党治党工作带来不少阻碍。"③具体分析社会思潮多元化产生的不利影响和冲击包括动摇一些人的理想信念、诱发极端个人主义、滋长享乐主义、挑战社会主义核心价值观、破坏主流意识形态的影响力和凝聚力，等等。这些多元化的社会思潮直接冲击新时代思想政治教育工作，不仅会增加工作难度，还有可能直接消解其有效性，是一

---

① 习近平. 高举中国特色社会主义伟大旗帜 为全面建设社会主义现代化国家而团结奋斗——在中国共产党第二十次全国代表大会上的报告［M］. 北京：人民出版社，2022：23.

② 马克思，恩格斯. 德意志意识形态［M］. 北京：人民出版社，2005：5.

③ 张远向，苏鹏，贾希望. 社会思潮多元化背景下推进全面从严治党的路径探索［J］. 长春市委党校学报，2019（6）：36-40.

个重大的挑战。

4. 党的建设新的伟大工程对新时代思想政治教育有效性的挑战。党的二十大报告指出："全党必须牢记，全面从严治党永远在路上，党的自我革命永远在路上，决不能有松劲歇脚、疲劳厌战情绪，必须持之以恒推进全面从严治党，深入推进新时代党的建设新的伟大工程，以党的自我革命引领社会革命。"① 新时代党的建设新的伟大工程对思想政治教育有效性提出的挑战包括：一是要求采取有效的方式加强全党的思想建设，坚持不懈地用习近平新时代中国特色社会主义思想凝心铸魂；二是要加强干部队伍的思想政治教育，培养堪当民族复兴重任的高素质干部队伍；三是要跟党内存在的思想问题和不良风气做斗争，助力于党的自我净化、自我完善、自我革新、自我提高。新时代党的建设新的伟大工程目标追求以及克服的困难，既指明了新时代思想政治教育有效性的方向，又表明新时代思想政治教育有效性所面临的挑战。

（三）新时代思想政治教育有效性受到教育变革挑战

有学者指出："教育变革是指教育现状所发生的有意义的转变。"② 社会变迁必然会引起社会各方面的变化，包括教育变革。思想政治教育作为教育的重要组成部分，教育变革必然会对思想政治教育产生深刻的影响。当前教育变革是方方面面的，其中教育信息技术变革、教学话语体系变革、教育实施过程变革对新时代思想政治教育有效性产生了一定的挑战。

① 习近平. 高举中国特色社会主义伟大旗帜 为全面建设社会主义现代化国家而团结奋斗——在中国共产党第二十次全国代表大会上的报告 [M]. 北京：人民出版社，2022：64.
② 刘霖芳. 教育变革背景下幼儿园园长领导力研究 [D]. 长春：东北师范大学，2015：21.

1. 教育信息技术变革对新时代思想政治教育有效性的挑战。教育信息技术变革，即是指教学运用信息技术引发出的巨大变革。在信息化社会，教育已走向信息技术化，主要体现为对多媒体、互联网、人工智能、大数据技术等的应用。教育信息技术变革首先改变了教育传播方式，通过信息技术手段可以克服时空界限，使学习更加快捷、方便；其次，改变教育载体，信息技术可以使教育资源集中在网络平台、网络数据库等媒介，可以实现教学资源的数字化和海量化；再次，改变学习方式，信息技术使教育内容极大丰富、知识的获取与传授呈现碎片化，碎片化学习演变成为主要学习方式；最后，学习模式在转变，信息技术使MOOC、混合学习、翻转课堂、泛在学习、移动学习等在线教育模式转变已是大势所趋。新时代思想政治教育要跳出传统教学模式，适应教育信息技术变革，才能取得有效性。这种转变对于新时代思想政治教育有效性的实现是一种挑战。

2. 教学话语体系创新对新时代思想政治教育有效性的挑战。思政课教学是思想政治教育主渠道，具有一定的教学话语体系。"作为一种'言教'方式，教学话语体系是实现思政课教育目标的主要媒介和工具。"① 教学话语体系创新是提升思想政治教育亲和力、吸引力的重要途径，具有提升有效性的重要意义。当前，教育变革要求创新思想政治教育的教学话语体系以提高有效性。习近平总书记指出："要用好课堂教学这个主渠道，思想政治理论课要坚持在改进中加强，提升思想政治教育亲和力和针对性，满足学生成长发展需求和期待。"② 然而，创新

---

① 蒋玉，葛士华 . 思政课教学话语的困境及消解之路 ［J］. 中学政治教学参考，2021（23）：63-65.

② 习近平 . 思政课是落实立德树人根本任务的关键课程 ［J］. 奋斗，2020（17）：4-16.

思想政治教育的教学话语体系陷入困境。一是教师与学生作为话语主体之间的平等性不足，导致难以构建持久的良性教学互动；二是教师将教材体系转化成为教学体系的话语能力不足，难以满足 00 后等广大青年学生对话语体系的需求；三是传统思想政治教育的教学话语体系难以适应现代社会多样性思潮的话语表达。当前教学话语体系陷入的困境是提升新时代思想政治教育有效性需要面对的挑战。

3. 教育实施过程变革对新时代思想政治教育有效性的挑战。教育实施过程变革主要反映在思政课实施过程的变革，重点体现在"三全育人""大中小学思政课一体化建设"和构建"大思政课"格局这三个方面。

"三全育人"是中共中央、国务院《关于加强和改进新形势下高校思想政治工作的意见》提出的坚持全员全过程全方位育人的要求的简称。习近平总书记强调，"要坚持把立德树人作为中心环节，把思想政治工作贯穿教育教学全过程，实现全程育人、全方位育人，努力开创我国高等教育事业发展新局面"。[①]"三全育人"意味着思政课不只是课堂的教学、思政教师的工作，而是走向学校、走向社会的教学，是学校所有工作人员包括管理者的工作，是社会、学校、家庭全体成员都应该参与的工作。"三全育人"表明新时代思想政治教育要系统地谋划育人格局、要联动融通育人机制、激发内驱外引的育人动力。然而，当前"三全育人"还存在一些问题：组织领导体系不够健全完善，顶层设计不够清晰；统筹协调制度尚未完全建立，育人体系不够系统；创新育人机制运行不够顺畅，育人活力不够强大。"三全育人"的目标要求和"三全育人"的现实状况存在矛盾，给提高新时代思想政治教育有效性

---

① 习近平在全国高校思想政治工作会议上强调把思想政治工作贯穿教育教学全过程开创我国高等教育事业发展新局面 [N]. 人民日报，2016-12-09（1）.

提出了不小的挑战。

"大中小学思政课一体化建设"，即将大学阶段、中学阶段、小学阶段的思想政治教育理论课程作为一个整体化的系统进行统筹构建。习近平总书记指出："要把统筹推进大中小学思政课一体化建设作为一项重要工程，推动思政课建设内涵式发展。"① "大中小学思政课一体化建设"需要各个学段以立德树人作为总体目标，根据思想政治理论教育规律和学生成长规律，通过统筹设计、协调资源、搭建平台、创新机制等一系列协同运作，层层递进地设置好教学目标设计、课程设置、教材编写、教学内容、教学改革、教师培养、考核评价等环节，构建大中小各学段横向融通、纵向衔接的思想政治理论课程体系，实现循序渐进、螺旋上升式发展的良好育人效果。这是一个复杂的系统工程，是提升新时代思想政治教育有效性需要面对的一个挑战。

构建"大思政课"格局是当前学校改进思想政治教育的重要方式。习近平总书记指出，"思政课不仅应该在课堂上讲，也应该在社会生活中来讲""'大思政课'我们要善用之，一定要跟现实结合起来"②。构建"大思政课"格局是"三全育人""大中小学思政课一体化建设"的进一步发展和提升。夏永林指出，"'大思政课'的本意，就是要紧紧围绕把立德树人的根本任务贯穿在教育教学的全过程，实行全员育人、全程育人和全方位育人③"。全面构建"大思政课"格局，是新时代思想政治教育改革创新的新要求，是党和国家对思想政治教育建设经

---

① 习近平. 思政课是落实立德树人根本任务的关键课程 [J]. 奋斗, 2020 (17): 4-16.

② 杜尚泽. "'大思政课'我们要善用之"（微镜头·习近平总书记两会"下团组"·两会现场观察）[N]. 人民日报, 2021-03-07 (1).

③ 夏永林. "大思政课"内涵的多维探讨 [J]. 思想理论教育导刊, 2021 (8): 110-114.

验和建设规律长期认识的凝练与升华。2022 年 7 月教育部等十部门关于印发《全面推进"大思政课"建设的工作方案》的通知，指导"大思政课"的建设。所以，提升新时代思想政治教育有效性需要立足构建"大思政"的格局。然而，当前我国构建"大思政"格局尚未成型，仍然存在一些问题，包括"一些地方和学校对'大思政课'建设的重视程度不够，开门办思政课、调动各种社会资源的意识和能力还不够强，课程教材体系还需要进一步完善，有的学校教师数量不足、质量不高，对实践教学重视不够，有的课堂教学与现实结合不紧密，大中小学思政课一体化建设亟须深化，有的学校第二课堂重活动轻引领，课程思政存在'硬融入''表面化'等现象①"。这些都是新时代思想政治教育亟待解决的问题，是影响有效性的重要挑战。

---

① 教育部等十部门关于印发《全面推进"大思政课"建设的工作方案》的通知教社科〔2022〕3 号［EB/OL］. 中华人民共和国中央人民政府网，2022-08-24.

第四章　本质论域：新时代思想政治教育有效性的实现规律

"规律"与"本质"是同等程度的概念，它是指事物本身固有的、深藏于现象背后并决定或支配现象的方面。"规律就是关系。……本质的关系或本质之间的关系。"① 规律反映特定的关系范畴，是事物本质的联系或本质之间的联系，具有普遍性、客观性和特殊性等特点。新时代思想政治教育有效性的实现不是偶然性的事件，它是在具备必然条件的基础上必然会产生的效果，体现出一定的规律性。新时代思想政治教育有效性的实现规律是指新时代背景下决定思想政治教育实践活动达到人们预设效果的必然因素以及各因素发生的必然联系。把握新时代思想政治教育有效性的实现规律有利于更好地开展思想政治教育活动，切实提高思想政治教育的有效性。

一、新时代思想政治教育与社会环境的相协调规律

人的实践与社会环境息息相关。思想政治教育是人类特有的社会性活动，与社会环境密切联系。同时，唯物辩证法指出，外因是事物变化

---

① 中共中央马克思恩格斯列宁斯大林著作编译局. 列宁全集：第 55 卷 [M]. 北京：人民出版社，1990：128.

的条件，是事物发展不可忽视的因素。因此，新时代思想政治教育要与社会环境相协调，这样才有利于实现有效性。而这里的社会环境是指影响教育者组织思想政治教育实践和受教育者思想品德发生变化的一切社会因素的总和，包括政治环境、经济环境、文化环境、大众传播环境、人际环境等方面。

（一）新时代思想政治教育要适应社会环境

社会环境是指人生存和发展所处社会的一种外在条件。这种外在条件是由经济、政治、文化、科技、人际交往等综合因素作用而决定的，是不以人的意志为转移的客观存在。马克思、恩格斯指出，"意识起初只是对周围的可知的环境的一种意识"①，而人只有在"社会联系和社会关系的范围内"② 才能不断生存和发展。社会环境作为一种客观存在，它的变化发展对人的生存和发展产生了重要影响。思想政治教育作为社会实践的一部分，处于特定的社会环境中。离开特定的社会环境谈思想政治教育都是不切实际和徒劳无用的。时代环境不是一成不变的，而是处于日新月异的变化中，新时代思想政治教育适应社会环境的变化是取得有效性的重要条件。

1. 新时代思想政治教育要适应社会经济环境的变化。社会经济环境是社会经济关系的重要反映，对各种社会实践具有影响。马克思、恩格斯指出："人们之间一开始就有一种物质的联系。这种联系是由需要和生产方式决定的，它和人本身有同样长久的历史；这种联系不断采取新的形式，因而就表现为'历史'，它不需要用任何政治的或宗教的呓

---

① 马克思，恩格斯. 马克思恩格斯论文学与艺术：第 1 卷 [M]. 北京：中国社会科学出版社，1982. 73.

② 马克思，恩格斯. 马克思恩格斯论文学与艺术：第 1 卷 [M]. 北京：中国社会科学出版社，1982. 31.

语特意把人们维系在一起。"① 受社会主义市场经济体制进一步完善、经济水平不断提高、经济发展不平衡不充分矛盾突出，国际金融危机旷日持久、逆经济全球化潮流不断抬头、大国贸易摩擦不断升级等因素的影响，新时代我国社会经济环境发生深刻变化，对我国物质发展、人的思想价值观念产生了很大的影响。思想政治教育归根结底是社会经济发展的产物。因而新时代思想政治教育实效性的实现不能超越当前的社会经济环境，而应该以社会经济环境为条件，顺应和利用社会经济环境的变化。

2. 新时代思想政治教育要适应社会政治环境的变化。思想政治教育本质是维护统治阶级主流意识形态的实践活动，是社会政治行为的部分内容。不同的社会政治环境对思想政治教育会提出不同的要求，例如，封建社会以维护封建地主阶级利益，巩固封建宗法制度为要求；资本主义社会则以维护资产阶级利益，巩固和传播"自由、民主、平等、博爱"等资产阶级思想为要求。新时代我国坚持发展全过程人民民主，保障人民当家作主的价值追求。党的二十大报告指出，"必须坚定不移走中国特色社会主义政治发展道路，坚持党的领导、人民当家作主、依法治国有机统一，坚持人民主体地位，充分体现人民意志、保障人民权益、激发人民创造活力"②。新时代背景下，人民当家作主的理念更加深入人心，人民当家作主的保障体系更加完善，但是一些政治风险也在变化，其中包括：一些政治思潮对我国政治制度的冲击；贪污腐败等现象影响政府威信、动摇民心；西方霸权主义、强权政治正在加强对我国

---

① 马克思，恩格斯. 马克思恩格斯选集［M］. 北京：人民出版社，2012：160.
② 习近平. 高举中国特色社会主义伟大旗帜 为全面建设社会主义现代化国家而团结奋斗——在中国共产党第二十次全国代表大会上的报告［M］. 北京：人民出版社，2022：37.

民主发展道路干扰等方面。这些都是不能忽视的社会政治环境变化。新时代思想政治教育实效性的实现要适应我国不断增强全过程人民民主建设的社会政治环境变化，同时要防范一些政治风险对我国社会政治环境产生危害。

3. 新时代思想政治教育要适应社会文化环境变化。每个人都在一定的社会文化环境中成长，文化的影响具有较强的渗透性和延续性，文化长时间地影响着人们的思想和行为。正是基于文化的重要作用，我国形成了文化育人的优良传统。习近平总书记指出："努力用中华民族创造的一切精神财富来以文化人、以文育人。"① 新时代我国社会文化环境发生了重大变化。一是对文化作用十分重视，提出坚定中国特色社会主义文化自信的理念。对一个国家、一个民族而言，文化是根脉，处于灵魂地位。习近平总书记指出，"坚定文化自信，是事关国运兴衰、事关文化安全、事关民族精神独立性的大问题"。② 二是重点加强中华优秀传统文化、社会主义先进文化、中国革命文化建设。中华优秀传统文化、社会主义先进文化、中国革命文化"积淀着中华民族最深层次的精神追求，代表中华民族独特的精神标识"③，得到大力弘扬发展。三是在世界各国加强文化软实力竞争、国内奋力实现民族复兴中国梦的背景下，我国文化发展面临不少挑战。这既包括文化竞争加强，维护文化安全变得复杂的挑战，又包括实现民族复兴，满足人民美好生活需要，实现文化高质量发展的挑战。新时代思想政治教育有效性的实现既要抓住文化环境变化带来的机遇，又要应对文化环境变化产生的挑战。

4. 新时代思想政治教育要适应传播环境变化。思想政治教育实质

① 习近平．习近平谈治国理政：第1卷［M］．北京：外文出版社，2014：164.
② 习近平．习近平谈治国理政：第2卷［M］．北京：外文出版社，2017：349.
③ 习近平．习近平谈治国理政：第2卷［M］．北京：外文出版社，2017：36.

是一项思想传播的实践活动，传播环境对思想政治教育有效性产生影响。以往思想政治教育主要利用报刊、广播、电视等传统媒体，传播速度相对较慢、范围相对有限，受外界的干扰相对较少。但是，随着信息技术迅猛发展，新时代思想政治教育传播环境发生了质的改变。以互联网为中心的新媒体形态，包括网络媒体、手机媒体、数字电视、虚拟仿真平台等得到了广泛应用。习近平总书记指出，"互联网是一个社会信息大平台，亿万网民在上面获得信息、交流信息，这会对他们的求知途径、思维方式、价值观念产生重要影响，特别是会对他们对国家、对社会、对工作、对人生的看法产生重要影响"①。新时代思想政治教育有效性的实现需要适应新媒体广泛应用而引起的传播环境变化。

5. 新时代思想政治教育要适应人际环境变化。"思想政治工作从根本上说是做人的工作"②，社会人际环境影响思想政治教育的实践。新时代思想政治教育人际环境发展发生较大变化。一是人际环境的范围更宽泛了，不仅包括现实空间的人际环境，还包括网络虚拟空间的人际环境；二是随着人的利益更加多元化，人际关系范围不断拓展，人际环境变得更加复杂了；三是受经济、技术、人口流动等诸多因素影响，家庭关系、朋友关系、师生关系、同事关系等人际关系的亲密度下降，人际环境由熟人关系主导向陌生关系主导转化。新时代思想政治教育有效性的实现要把握好社会人际环境变化，将挑战转化成为机遇。

（二）新时代思想政治教育要促进社会环境发展

尽管思想政治教育与社会环境存在受动性的关系，但是这并不意味着思想政治教育在社会环境面前是无能为力的。事实上，思想政治教育

---

① 习近平. 习近平谈治国理政：第 2 卷［M］. 北京：外文出版社，2017：335.

② 习近平在全国高校思想政治工作会议上强调 把思想政治工作贯穿教育教学全过程 开创我国高等教育事业发展新局面［N］人民日报，2016-12-09（1）.

具有相对独立性。新时代思想政治教育有效性的实现将有利于发挥思想政治教育的预见性、指导性、能动性等方面作用，促进社会环境发展。

1. 新时代思想政治教育要促进社会经济环境发展。当前我国实行社会主义市场经济，市场在资源配置中起决定作用，新时代思想政治教育促进社会经济发展要为社会主义市场经济进一步发展服务。新时代思想政治教育应促进社会主义市场经济相适应的道德观念的培养，不断增强人们的自立意识、竞争意识、效率意识、民主法治意识和开拓意识，把握社会主义市场经济新要求，推动社会的道德进步，为社会主义市场经济发展提供良好的道德环境和有力的道义支持。同时，在国际经济交往中，新时代思想政治教育有利于与他国经济干预做思想斗争和舆论斗争，有利于防范西方霸权主义利用经济手段进行思想渗透，助力维护我国经济安全环境。

2. 新时代思想政治教育要促进社会政治环境发展。新时代思想政治教育要帮助人们坚定中国特色社会主义道路不动摇的信心，讲清楚中国特色社会主义道路的必然性，明确其是中国实现国家富强、民族复兴、人民幸福的唯一正确道路；要巩固马克思主义指导地位，深入学习马克思主义中国化理论成果，增强人们的理论自信；要坚持党和国家的政治路线，帮助人们认识到我国人民当家作主制度体系的优越性，激发人民依法参加民主选举、民主协商、民主管理、民主监督的积极性、主动性和创造性；要激发人们的斗争精神，批驳新自由主义、民主社会主义、宪政民主、普世价值观等西方错误思潮，揭露它们的虚假本质，对西方抹黑、攻击中国的行为进行宣传教育的反击，切实维护我国的国家形象。

3. 新时代思想政治教育要促进社会文化环境发展。新时代思想政治教育要将马克思主义贯彻到文化建设的各个方面，使新闻宣传、文艺创作生产、文化体制改革、精神文明建设、网络建设等文化领域的一切工作和活动都在马克思主义指导下展开；要培育和践行社会主义核心价值观，使社会主义核心价值观融入社会生活的各个方面，使社会主义核心价值观成为全体人民共同的价值追求和自觉遵循的行为准则；大力弘扬中华优秀传统文化、社会主义先进文化、革命文化，坚定中国特色社会主义文化自信；大力弘扬以爱国主义为核心的民族精神和以改革创新为核心的时代精神，促进中国精神引领新时代改革创新。

4. 新时代思想政治教育要促进传播环境发展。新时代思想政治教育要明确使用新媒体的原则，坚持党的全面领导，坚持社会主义核心价值观引领，遵守法律法规、为增强效果服务；要广泛使用新媒体技术，构建新媒体传播平台，创新传播方式方法，使新媒体成为教育教学的重要工具；要坚决抵制和批判利用新媒体传播鼓吹推翻国家政治，煽动宗教极端主义，宣扬民族分裂思想，教唆暴力恐怖活动，抹黑烈士英雄，传播错误思想和价值观念的不良行为和现象，建设风清气正的网络环境。

5. 新时代思想政治教育要促进人际环境发展。新时代思想政治教育要引导人们建设良好的人际关系。一是引导人们加强自身道德修养，促进人们形成正确的道德认知和道德判断，激发人们正向的道德认同和道德情感，强化人们坚定道德意志和道德信念；二是引导人们自觉遵守社会公德，做到文明礼貌、助人为乐、爱护公物、保护环境、遵纪守法；三是引导人们恪守职业道德，做到爱岗敬业、诚实守信、办事公道、热情服务和奉献社会；四是引导人们弘扬家庭美德，注重家庭、家教、家风建设。

总的来说，新时代思想政治教育有效性的实现与社会环境发展是相辅相成、彼此作用的。只有新时代思想政治教育与社会环境达到相互协调的状态，有效性才能充分显现，否则有效性将会受到很大制约。

二、新时代思想政治教育与国家育人目标的相契合规律

教育目标是教育实践过程的起点和归宿，它概括了所处时代对受教育者的要求，体现着国家、社会和教育者的期望，规定了人的能力素质的发展方向，在整个教育实践过程中起到导向、激励、调控作用。新时代思想政治教育有效性的实现要以教育目标作为根本指引。新时代思想政治教育的目标要与国家育人目标为依据。这是增强新时代思想政治教育针对性和有效性的关键。

党的二十大报告指出："培养什么人、怎样培养人、为谁培养人是教育的根本问题。育人的根本在于立德。全面贯彻党的教育方针，落实立德树人根本任务，培养德智体美劳全面发展的社会主义建设者和接班人。"[①] 以党和国家教育目标为依据，新时代只有坚定落实立德树人根本任务，为促进人的全面发展服务，才能从根本上保障思想政治教育取得有效性。

（一）新时代思想政治教育要落实立德树人根本任务

党的十八大以来，习近平总书记高度重视立德树人在教育领域的重要地位和作用，多次强调要坚持把立德树人作为根本任务。在这个根本问题上，新时代思想政治教育必须旗帜鲜明、毫不含糊，这样才能确保有效性的充分实现。

1. 新时代思想政治教育要明确立德树人的重要地位。首先，德对于个人、对于社会具有基础性意义，是教育形成立德树人根本任务的根

---

① 习近平. 高举中国特色社会主义伟大旗帜 为全面建设社会主义现代化国家而团结奋斗——在中国共产党第二十次全国代表大会上的报告［M］. 北京：人民出版社，2022：37.

本依据。德源于人的社会实践需要，又服务于人的社会实践，在人类社会实践中具有重要地位。"德者，本也"，德是整个国家、民族、社会向上向善的力量。习近平总书记指出："核心价值观，其实就是一种德，既是个人的德，也是一种大德，就是国家的德、社会的德。国无德不兴，人无德不立。如果一个民族、一个国家没有共同的核心价值观，莫衷一是，行无依归，那这个民族、这个国家就无法前进。"① 新时代思想道德教育的重要目标是培养人们特别是广大青少年立志报效祖国、服务人民、弘扬和践行社会主义核心价值观的大德；促进人们养成良好的社会公德、家庭美德、职业道德、个人品德。

其次，以中国式现代化全面推进中华民族伟大复兴需要强大的精神力量和价值支撑，是教育形成立德树人根本任务的实践要求。德作为一种社会意识形态，对社会存在具有能动的反作用。人类社会的发展离不开德的作用。习近平总书记指出："实现中华民族伟大复兴的中国梦，物质财富需要极大丰富，精神财富也要极大丰富。"② 党的二十大报告指出："中国式现代化是物质文明和精神文明相协调的现代化。物质富足、精神富有是社会主义现代化的根本要求。物质贫困不是社会主义，精神贫乏也不是社会主义。"③ 德作为一种激励人们认识世界和改造世界的宝贵精神财富和向上精神力量，具有规范社会行为、维护社会秩序、引领社会风尚、激发社会活力等方面的重要意义。只有全社会努力积善成德、明德惟馨，只有中华民族一代接着一代追求崇高的精神境界，才能以中国式现代化全面推进中华民族伟大复兴并注入强大精神力

---

① 习近平. 习近平谈治国理政：第 1 卷［M］. 北京：外文出版社，2014：168.
② 习近平. 习近平谈治国理政：第 2 卷［M］. 北京：外文出版社，2017：323.
③ 习近平. 高举中国特色社会主义伟大旗帜 为全面建设社会主义现代化国家而团结奋斗——在中国共产党第二十次全国代表大会上的报告［M］. 北京：人民出版社，2022：22-23.

量以及构建强有力的道德支撑。

最后，做人做事第一位就是崇德修身，是教育形成立德树人根本任务的关键要素。做人是做学问、干事业的前提。立德是一个人做人的基础。中华优秀传统文化特别强调品德修养之于个人成长成才的重要意义，注重以德领才、以德蕴才、以德润才。一直以来，我们党的用人标准是德才兼备、以德为先。习近平总书记指出，"道德之于个人，之于社会，都具有基础性意义，做人做事第一位的是崇德修身。这就是我们的用人标准为什么是德才兼备、以德为先，因为德是首要、是方向，一个人只有明大德、守公德、严私德，其才方能用得其所①"。新时代人们要自觉践行爱国奉献、明礼守法、厚德仁爱、正直善良、勤劳勇敢等个人品德要求，形成善良的道德意愿、道德情感，培育正确的道德判断和道德责任，提高道德实践能力，向往和追求自觉讲道德、尊道德、守道德的生活。

2. 新时代思想政治教育要促进立德树人的实现。首先，要把立德树人的成效作为检验新时代思想政治教育有效性的根本标准。2018 年 9 月，习近平总书记在全国教育大会上要求，把立德树人融入思想道德教育、文化知识教育、社会实践教育各个环节，贯穿基础教育、职业教育、高等教育各领域。显然，担负立德树人的根本任务是新时代思想政治教育的应有之义。新时代思想政治教育要把立德树人成效这一根本标准落实到具体行动中，坚定党员、干部和群众的政治立场，改革创新教育教学方式，加强思想政治理论课程建设，扭转不科学的学校教育评价导向。

其次，要培育和践行社会主义核心价值观作为新时代思想政治教育

---

① 习近平. 习近平谈治国理政：第 1 卷 ［M］. 北京：外文出版社，2014：173.

重要工作。习近平总书记指出："人类社会发展的历史表明，对一个民族、一个国家来说，最持久、最深层次的力量是全社会共同认可的核心价值观。核心价值观，承载着一个民族、一个国家的精神追求，体现着一个社会评判是非曲直的价值标准。"① 社会主义核心价值观是一种大德，是国家的德，社会的德，是立国之基、民族之魂。新时代思想政治教育要把培育和践行社会主义核心价值观落细落小落实。要突出重点人群教育，以广大青少年群体为重点开展以社会主义核心价值观为重点的思想政治教育；要突出系统性教育，在社会主义核心价值观引领下构建大中小学各个学段有效衔接的德育课程体系和教材体系；要突出实践性教育，把社会主义核心价值观融入思想政治教育实践活动，促进社会主义核心价值观"内化于心，外化于行"；要突出广泛性教育，把培育和践行社会主义核心价值观融入思想教育、道德教育、职业教育、法制教育等各个内容模块中。

最后，要发挥好思想政治理论课程作为思想政治教育主阵地、主渠道的功能。新中国成立以来，我国高度重视思想政治教育工作，在各级学校专门开设促进广大青少年成长成才的思想政治理论课程。思想政治理论课程以解决好"培养什么人、怎样培养人、为谁培养人"这个根本问题为指引，"是落实立德树人根本任务的关键课程"②。新时代要加强思想政治理论课程建设。要发挥教师的积极性、主动性、创造性的作用，培养教师"政治要强、情怀要深、思维要新、视野要广、人格要正"的素质，促进教师在学生心灵埋下真善美的种子，引导学生扣好人生第一粒扣子。要以坚持"政治性和学理性相统一、价值性和知识性相统一、建设性和批判性相统一、理论性和实践性相统一、统一性和

---

① 习近平．习近平谈治国理政：第1卷 [M]．北京：外文出版社，2014：168.
② 习近平．习近平谈治国理政：第3卷 [M]．北京：外文出版社，2020：329

多样性相统一、主导性和主体性相统一、灌输性和启发性相统一、显性教育和隐性教育相统一"的要求推进思想政治理论课改革创新，不断增强思想政治理论课的思想性、理论性和亲和力。思想政治理论课程是思想政治教育的主阵地、主渠道，全面加强思想政治理论课建设，是思想政治教育落实立德树人根本任务的重要保障。

（二）新时代思想政治教育为培养全面发展的社会主义建设者和接班人服务

习近平总书记指出："培养社会发展所需要的人，说具体了，就是培养社会发展、知识积累、文化传承、国家存续、制度运行所要求的人。"① 显然，党的十八大以来习近平总书记立足党和国家事业发展全局的战略高度，聚焦"培养什么人？怎样培养人？为谁培养人？"这个教育根本问题，进一步阐明了培养德智体美劳全面发展的社会主义建设者和接班人这一教育的根本目标。新时代思想政治教育只有坚定地以培养德智体美劳全面发展的社会主义建设者和接班人作为目标指引，才能充分实现有效性。

1. 新时代思想政治教育坚定培养人的全面发展目标。人的全面发展是马克思主义关于人类未来社会的理想图景。马克思、恩格斯在《共产党宣言》中指出："代替那存在着阶级和阶级对立的资产阶级旧社会的，将是这样一个联合体，在那里，每个人的自由发展是一切人的自由发展的条件。"② "人的全面发展"中的"人"是指现实的、具体的人，是一切社会关系的总和。"人的全面发展"中的"全面"是指人

---

① 习近平. 习近平在北京大学师生座谈会上的讲话 [M]. 北京：外文出版社，2018：5.

② 中共中央马克思恩格斯列宁斯大林著作编译局. 马克思恩格斯选集：第 1 卷 [M]. 北京：人民出版社，2012：422.

的能力多方面综合协调发展，每个社会成员力量获得充分展示。马克思指出："人的才能的全面发展，包括人的体力、智力、自然力和社会力等最大限度地发挥。"① 所以，人的全面发展是指通过社会实践社会现实的人的能力获得全方位发展，其中包括思想素质、科学文化素质、身心健康素质和法治思维素质等。

"对教育质量衡量的核心在于特定类型、特定学段教育目标的实现程度，最终的落脚点则在于学生的全面发展。"② 思想政治教育本质上是以国家统治力为保障，由一定国家组织、机构所承担的旨在促进个体实现政治社会化和道德社会化、培养和发展人的思想政治素质的一种教育活动。它深刻地影响着人的全面发展的各个纬度，包括引导人们坚定正确的政治方向、提供强大的精神动力、培育高尚的思想道德、塑造健全的人格品质、养成良好的思想政治和法治素质、形成良好的心理素质等方面。所以，促进人的全面发展是思想政治教育的根本目的，思想政治教育是实现人的全面发展的重要途径。新时代办好人民满意的教育必须坚定培养人的全面发展的目标，为建设社会主义现代化强国提供人才支撑。

2. 新时代思想政治教育坚定地培养社会主义建设者和接班人。"培养社会主义建设者和接班人"的定义是"社会主义"，这规定了培养目标的本质和方向。我国是中国共产党领导的社会主义国家，国家性质决定了我们的教育必须培养社会主义建设者和接班人作为根本任务，培养一代又一代拥护中国共产党和社会主义制度、努力为中国特色社会主义

---

① 中共中央马克思恩格斯列宁斯大林著作编译局. 马克思恩格斯全集：第3卷 [M]. 北京：人民出版社，1972：330.

② 中国教科院教育质量标准课题组. 教育质量国家标准及其制定 [J]. 教育研究，2013，34（6）：4-16.

事业奋斗终身、坚定共产主义理想信念的有用人才。所以，社会主义建设者和接班人应该具备以下素质：必须树立共产主义远大理想和中国特色社会主义共同理想；必须具有爱国主义情感，时刻不忘自己是中国人；必须坚持立德为先、修身为本；必须具有丰富学识、真知灼见、世界眼光；必须树立高远志向，具有勇于奋斗精神；必须德智体美劳全面发展，具备良好的综合素质。

习近平总书记指出："青年是整个社会力量中最积极、最有生气的力量，国家的希望在青年，民族的未来在青年。"① 新时代青年要以实现中华民族伟大复兴为己任，不辜负党的期望、人民的期待和民族的重托，不辜负中国特色社会主义这个伟大的时代。为了培养社会主义建设者和接班人的素质，国家明确了新时代思想政治教育要从六方面下功夫：要在坚定理想信念上下功夫，促进人们筑牢理想信念之基；要在厚植爱国主义情怀上下功夫，促进人们弘扬爱国主义精神；要在加强品德修养上下功夫，促进人们成为有大爱大德大情怀的人；要在增长知识见识上下功夫，促进人们既要有中国情怀，又要有国际视野；要在培养奋斗精神上下功夫，促进人们具有良好责任感、坚强意志、吃苦耐劳的精神；要在增强综合素质上下功夫，促进人们形成担当民族复兴的能力。

综上所述，基于我国国家性质以及实践需要等因素的作用，我国教育的根本目标是"落实立德树人根本任务，培养德智体美劳全面发展的社会主义建设者和接班人"。思想政治教育是我国教育事业的组成部分，是以实现我国教育的根本目标而设置的教育体系。新时代思想政治教育只有与我国教育目标作为依据，不断追求与我国教育目标相契合，才能具备实现有效性的条件。

---

① 习近平. 习近平谈治国理政：第 3 卷［M］. 北京：外文出版社，2020：333.

三、新时代思想政治教育适应思想政治素质发展规律

人的思想政治素质发展是指个体通过不断学习、实践而使自身思想政治素质获得进步的过程。思想政治素质发展是由各种因素共同作用的过程，具有自身规律性。思想政治教育是促进人思想政治素质发展的途径，要以适应思想政治素质发展规律作为条件。

（一）新时代思想政治教育要发挥人的自觉能动性

思想政治教育的本质属性决定"灌输"是开展思想政治教育的重要方法。然而，由于"灌输"强调的是外力施行的影响过程，它要经过教育对象内在的认可才能真正有效。因此，仅仅依靠"灌输"不足以使思想政治教育的对象实现"内化于心，外化于行"的效果，而是需要在"灌输"的基础上发挥人的自觉能动性作为支撑。

1. 新时代思想政治教育发挥人的自觉能动性是人的本质要求。人的自觉能动性是人与动物相互区别的重要特征。马克思指出："人类的特性恰恰就是自由自觉的活动。"[①] 毛泽东同志指出："一切事情是要人做的，……做就必须先有人根据客观事实，引出思想、道理、意见，提出计划、方针、政策、战略、战术，方能做得好。思想等是主观的东西，做或行动是主观见之于客观的东西，都是人类特殊的能动性。这种能动性，我们名之曰'自觉能动性'，是人之所以区别动物的特点。"[②] 综合理解，人的自觉能动性是人的本质的重要体现，是人随着客观现实变化而做出的主动性、计划性和创造性的反应，充分体现出人认识世界和改造世界的能力。尽管社会发展主要受客观物质条件的制约，但是人

---

① 中共中央马克思恩格斯列宁斯大林著作编译局. 马克思恩格斯全集：第42卷［M］. 北京：人民出版社，1979：96.
② 毛泽东. 毛泽东选集：第2卷［M］. 北京：人民出版社，1991：477.

的自觉能动性是不可忽视的动力因素。新时代思想政治教育只有充分发挥人的自觉能动性，才有利于将教育内容"内化"成为人的思想政治素质。

2. 新时代思想政治教育发挥人的自觉能动性要符合人的需要。需要是人的实践行动的第一驱动力。马克思、恩格斯指出："没有需要，就没有生产。"① "社会一旦有技术上的需要，则这种需要就会比十所大学更能把科学推向前进。"② 人的需要是人的思想政治素质形成的基础，是开展思想政治教育的推动力。

物质需要是人的第一需要。人"为了生活，首先就需要吃喝住穿以及其他一切东西。因此，第一个历史活动就是生产满足这些需要的资料，即生产物质生活本身，而且，这是人们从几千年前直到今天单是为了维持生活就必须每日每时从事的历史活动，是一切历史的基本条件。"③ 新时代思想政治教育不能是空中楼阁，脱离人的物质需要。邓小平同志指出："政治工作要落实到经济上面，政治问题要从经济角度来解决。"④ 新时代思想政治教育结合经济发展，引导人的物质需要实现理性增长，为满足人的物质需要服务。

精神需要是人不可或缺的需要。"已经得到满足的第一个需要本身、满足需要的活动和已经获得为满足需要而用的工具又引起新的需要"，随着人物质需要的产生和满足又会引发新的需要，这新的最核心

① 中共中央马克思恩格斯列宁斯大林著作编译局. 马克思恩格斯全集：第46卷（上册）[M]. 北京：人民出版社，1979：29.
② 中共中央马克思恩格斯列宁斯大林著作编译局. 马克思恩格斯全集：第39卷 [M]. 北京：人民出版社，1974：198.
③ 中共中央马克思恩格斯列宁斯大林著作编译局. 马克思恩格斯选集：第1卷 [M]. 北京：人民出版社，2012：158.
④ 邓小平. 邓小平文选：第2卷 [M]. 北京：人民出版社，1994：195.

的需要是精神需要。邓小平同志指出："人是有一点精神的。"① 习近平总书记指出："人民有信仰，民族有希望，国家有力量。实现中华民族伟大复兴的中国梦，物质财富要极大丰富，精神财富也要极大丰富。"② 随着我国生产力的发展，人们对美好生活的需要越来越强烈，满足人的精神需要就显得更加突出。新时代思想政治教育要把握现代人的精神需要的特点，贴近人的急迫精神需求，助力于人的精神富足。

只有不断满足人们的物质需要、精神需要，新时代思想政治教育才有可能被人们接受、认可、认同，才能激发人们掌握思想政治教育的自觉能动性。当人们在面对新时代思想政治教育活动时表现出主动性、积极性、创造性，那么实现有效性就具有了充分的保障。

（二）新时代思想政治教育要坚持理论与实践的辩证统一

习近平总书记讲到思想政治理论课建设时指出，要坚持理论性和实践性相统一，"思政课要用科学理论培养人，遵循不同学段学生的认知规律，把马克思主义基本原理讲清楚、讲透彻。同时，马克思主义是在实践中形成并不断发展的，要高度重视思政课的实践性"③。根据唯物主义辩证法的精神，人的思想政治素质发展是要建立在理论与实践相统一的基础上。新时代思想政治教育有效性实现要坚持理论与实践相统一的规律。

人的思想政治素质发展需要理论指导。新时代思想政治教育要立足理论对实践的指导性。理论是实践的升华，是系统化了的理性认识，它具有预见性、能动性，能为人们实践行动提供世界观和方法论。马克思

---

① 邓小平. 邓小平文选：第2卷［M］. 北京：人民出版社，1994：367.
② 习近平. 习近平谈治国理政：第2卷［M］. 北京：外文出版社，2017：323.
③ 习近平. 思政课是落实立德树人根本任务的关键课程［J］. 求是，2020（17）：4-16.

指出："批判的武器当然不能代替武器的批判，物质力量只有用物质力量来摧毁；但是理论一经掌握群众，也会变成物质力量。理论只要说服人，就能掌握群众；而理论只有彻底，就能说服人。"① 列宁指出："只有以先进理论为指南的党，才能实现先进战士的作用。"② 习近平总书记指出理论对党发展的支撑作用，认为假如党"缺乏理论思维的有力支撑，是难以战胜各种风险和困难的，也是难以不断前进的"③。科学理论能为实践提供充分的指导作用，中国特色社会主义实践在马克思主义理论指导下取得的伟大成就充分说明了理论的伟力。新时代思想政治教育必然要坚持理论的基本属性、彰显理论特色，教育引导教育对象认真学习、全面理解和深刻领悟马克思主义理论的内核与精髓。

人的思想政治素质形成是以实践为根据的。新时代思想政治教育要立足实践对理论的决定性。马克思主义是以实践为核心的理论体系，实践是人思想政治素质发展的根本动力。马克思指出："全部社会生活在本质上是实践的。凡是把理论引向神秘主义的神秘东西，都能在人的实践中以及对这种实践的理解中得到合理的解决。"④ 列宁指出："如果把实践标准作为认识论基础，那么我们就必然得出唯物主义。"⑤ 习近平总书记指出："实践没有止境，理论创新也没有止境。"⑥ 人是社会的个

---

① 中共中央马克思恩格斯列宁斯大林著作编译局. 马克思恩格斯选集：第 1 卷 ［M］. 北京：人民出版社，2012：9-10.

② 中共中央马克思恩格斯列宁斯大林著作编译局. 列宁全集：第 6 卷 ［M］. 北京：人民出版社，2013：24.

③ 习近平. 在庆祝中国共产党成立 95 周年大会上的讲话 ［N］. 人民日报，2016-07-02 （1）.

④ 中共中央马克思恩格斯列宁斯大林著作编译局. 马克思恩格斯选集：第 2 卷 ［M］. 北京：人民出版社，2012：135-136.

⑤ 中共中央马克思恩格斯列宁斯大林著作编译局. 列宁选集：第 2 卷 ［M］. 北京：人民出版社，2012：103.

⑥ 习近平. 习近平谈治国理政：第 3 卷 ［M］. 北京：外文出版社，2020：21.

体，人的本质就是在认识和改造客观世界的同时改造主观世界。社会生活的本质是实践，人关于思想、政治、道德与法律等的认知的形成离不开社会实践。因而新时代思想政治教育要以实践为基础促进受教育者良好思想政治道德的形成。

理论与实践相结合是促进人的认识发展的普遍规律。人的思想政治素质的形成离不开理论的指导与实践的推动。新时代思想政治要适应人的思想政治素质形成的特点，坚持理论与实践相统一的规律。

（三）新时代思想政治教育要坚持感性认识与理性认识的辩证统一

人认识事物具有一定的过程性，是一个从实践到认识，再从认识到实践的过程。列宁说："从生动的直观到抽象的思维，并从抽象的思维到实践，这就是认识真理、认识客观实在的辩证途径。"[①] 在人的认识过程中包括感性认识和理性认识这两种不同水平的反映形式，体现出认识过程的两个不同阶段。

人的认识过程是感性认识与理性认识的辩证统一。感性认识是认识的初级阶段，是指人们在实践基础上，通过感官直接获得"事物现象、事物具体方面、事物外部联系"的认识。它包括感觉、知觉和表象三种形式。理性认识是认识的高级阶段，是指人们通过抽象思维，对大量感性材料进行概括整理，抓住"事物的本质、事物的全体、事物内部联系"的认识。人的认识实现从感性认识向理性认识的第一次飞跃，需要具备两个条件：一是投身实践，深入调查，获取十分丰富和合乎实际的感性材料；二是发挥理论思维和科学抽象的作用，将感性材料加以

---

① 中共中央马克思恩格斯列宁斯大林著作编译局. 列宁全集：第 55 卷 [M]. 北京：人民出版社，2017：142.

去粗取精、去伪存真、由此及彼、由表及里地加工处理，形成概念和理论的系统。另外，从感性认识到理性认识，并不意味着实践就已经完成了。人的认识要再次回到实践，实现认识的第二次飞跃，通过实践实现认识的目的、检验认识的真理性。总的来说，认识的运动是一个从实践到认识，再到实践，再走向认识，循环往复以至无穷的辩证的发展过程。

新时代思想政治教育是促进人的思想认识辩证发展的过程，即是在思想政治教育活动的作用下，受教育对象将社会要求的思想观念、政治品质、道德规范等转化成为自身的感性认识和理性认识，并且在此基础上形成和发展自身的思想政治素质。所以，新时代要遵循人的认识运动规律，促进人们从感性认识到理性认识再到实践的不断跃升，形成"学、思、悟、行"的良好效果。

总的来说，人的思想政治素质的形成具有规律性。这种规律性既体现为主观思想的作用，又体现为社会实践作用。新时代思想政治教育目标是促进人的思想政治素质与国家意识形态相互契合，所以需要适应人的思想政治素质形成规律。新时代思想政治教育需要在坚持发挥人的自觉能动性、理论与实践相统一的辩证关系、感性认识与理性认识相统一的辩证关系的规律的过程中，有效地开展相关工作。

四、新时代思想政治教育发挥载体作用规律

思想政治教育是一项意识形态教育，它的内容具有特定的抽象性、思维性，需要通过一定的外化形式才能被体验、认知、接受、认同，因而需要载体的支撑才能正常运行和实现有效性。"思想政治教育载体是指在思想政治教育过程中，思想政治教育者为实现一定的教育目标，选

择、运用、承载一定的思想政治教育信息的教学中介。"① 思想政治教育载体具有明显的时代性，它随着社会历史条件的变化和思想政治教育实践的发展，而不断发展与演进。新时代思想政治教育要保持与时俱进的精神，合理选择、运用和开发载体，充分发挥载体保障和提高育人实效的作用的规律。

（一）新时代思想政治教育发挥载体作用要坚持政治性

思想政治教育运用合适的载体既是理论需要，又是实践需要，具有重要意义。思想政治教育与国家意识形态安全、培养社会主义建设者和接班人等国家战略发展密切相关，这决定了其载体运用的严肃性、严谨性。新时代思想政治教育要发挥特定载体的作用来促进有效性的实现，必须坚定明确的政治原则性。

政治性是思想政治教育的根本属性，所以载体选择必须保持政治的正确性，既不能出现政治立场错误，也不能淡化和模糊政治的属性。毛泽东同志指出："没有正确的政治观点，就等于没有灵魂。"② 习近平总书记指出："政治引导是思政课的基本功能。强调思政课的政治引导功能，并不是要把课讲成简单的政治宣传，而要以透彻的学理分析回应学生，以彻底的思想理论说服学生，用真理的强大力量引导学生。"③ 这从实质上就反映出思想政治教育必须坚持政治性。

以坚定的政治性来运用载体，首先要体现坚定的阶级立场。新时代思想政治教育载体首先要与现代人和社会发展的方向及价值取向契合，

---

① 郑永廷，刘书林，沈壮海.思想政治教育原理［M］.北京：高等教育出版社，2016：261.

② 中共中央文献研究室.毛泽东文集：第7卷［M］.北京：人民出版社，1999：226.

③ 习近平.思政课是落实立德树人根本任务的关键课程［J］.奋斗，2020（17）：4-16.

坚持社会主义方向，体现"人民至上"宗旨，反映"代表中国先进生产力的发展要求，代表中国先进文化的前进方向，代表中国最广大人民的根本利益"的价值理念。其次要具有政治动员功能。新时代思想政治教育载体能向人民群众宣传党的方针政策、政治主张和奋斗目标，动员一切可以团结的力量参与到中国特色社会主义伟大事业中来。再次要具有政治教化功能。新时代思想政治教育载体有利于加强马克思主义理论教育，并且运用马克思主义的立场、观点和方法，对人们进行政治理论等意识形态的宣传教育，使之内化成为其自身的政治素养和道德品质，同时外化成自身行为准则。最后要具有政治导向性。新时代思想政治教育载体要有利于推进社会主义核心价值体系和社会主义核心价值观进教材、进课堂、进头脑，引导全体中华儿女凝聚价值共识。

（二）新时代思想政治教育发挥载体作用要坚持灵活性

思想政治教育载体具有一定的工具属性，呈现出形式多样的特点。"思想政治教育载体形态日益多样化，是思想政治教育载体发展最为显著的趋势之一。"① 新时代思想政治教育需要本着实事求是的态度，坚持载体运用的灵活原则，切忌陷入教条主义和本本主义。

1. 新时代思想政治教育要根据教育内容灵活运用载体。内容决定形式，不同的内容要求运用不同的载体。为了促进全面发展的社会主义建设者和接班人，新时代思想政治教育已构建起了一个多元化的内容体系，主要内容包括马克思主义理论教育、中国特色社会主义理论体系教育、理想信念、爱国主义教育、文化素质教育、"四史"教育、公民道德教育、法治思维教育、形势与政策教育，等等。内容是选择载体的依

---

① 孙梦婵，杨威. 论新时代思想政治教育载体的新发展［J］. 思想政治教育研究，2018，34（3）：63-67.

据，例如，开展爱国主义教育适合选择历史与现实反映国家伟大成就的载体；法治思维教育适用选择社会法律案例的载体。因而新时代思想政治教育需要根据不同的内容来合理地运用不同的载体。

2. 新时代思想政治教育要根据教育对象灵活运用载体。思想政治教育是我国发展的一项重要工作，它面向的对象是非常广泛的。不同的教育对象，具有不同的认知需要和特点，同时所处的境况和人生的境遇也存在很大的差异。例如，作为思想政治教育对象的大中小学生的情况都存在很大差异，而其他党员干部、普通群众等的差异就更大了。进入中国特色社会主义新时代，整个社会利益关系更加复杂化，人与人的差异将产生更大分化。教育对象特点不同，对教育载体认知、接受等存在差异性。例如，广大青年学生思维活跃，使用网络频率高，更适合使用网络新媒体。而中老年群体，在他们成长阶段网络还没有普及，更适应使用报刊、电视等传统载体。马克思指出："我们阐述自然要取决于阐述的对象。"[1] 新时代思想政治教育更需要"有的放矢"，依据教育对象的特点选择合适的教育载体。

3. 新时代思想政治教育要根据教育环境灵活运用载体。环境是影响教育的重要因素，所以环境制约思想政治教育活动，也影响载体选择。从静态角度而言，在同一时期，不同教育对象所处的教育环境有差异，所以选择教育载体应该有差异。例如，在我国农村和城市的环境有着很大的差异，在农村和城市所运用载体应该有所差异，不能规定同一的载体。从动态而言，不同时代，教育环境是变化发展的，存在差异性。例如，与改革开放前相比，当前我国教育环境有着翻天覆地的变化，所运用的教学载体必然也是变化发展的。因此，新时代思想政治教

---

① 中共中央马克思恩格斯列宁斯大林著作编译局. 马克思恩格斯文集：第 1 卷［M］.
北京：人民出版社，2009：253.

育运用的载体需要"因地制宜""因时而变",灵活地依据环境条件做出合适的选择。

(三) 新时代思想政治教育发挥载体作用要坚持创新性

习近平总书记指出:"创新是一个民族进步的灵魂,是一个国家兴旺发达的不竭动力,也是中华民族最深沉的民族禀赋。在激烈的国际竞争中,惟创新者进,惟创新者强。"① 新时代思想政治教育载体的有效运用,必须坚持创新原则。

1. 新时代思想政治教育载体创新要以问题为导向。问题本质上是实践存有的矛盾,反映理想与现实对立统一的关系。问题是创新的起点,也是创新的动力源。新时代思想政治教育总体面临三个突出问题。一是新时代思想政治教育存在亲和度不足的问题,教育实践"高高在上""不接地气"与教育对象存在明显的隔阂,教育对象对思想政治教育实践缺乏足够的亲近感、信任感和接纳感;二是新时代思想政治教育存在吸引力不足的问题,包括教学主体知识陈旧、能力不强,教学方法简单、陈旧,教学内容偏离学生思想实际和生活实际,无法吸引学生主动、积极地学习;三是新时代思想政治教育存在感染力不足的问题,主要表现为:教育内容过于抽象化、理想化,显得空洞乏力;教育话语过于道德说教和政治教化,无法做到生动活泼而又不失政治色彩。新时代思想政治教育要立足解决思想政治教育亲和力、吸引力、感染力不足的问题而进行载体创新。

2. 新时代思想政治教育载体创新要以特色为重点。特色反映事物与事物之间在风格、形式等方面的显著区别。思想政治教育特色载体具有"拉近了教育者、教育对象的距离""提高教育针对性""增强教育

---

① 习近平. 习近平谈治国理政:第1卷 [M]. 北京:外文出版社,2014:59.

亲和力、吸引力、感染力"等重要意义。新时代思想政治教育载体创新要以开发特色载体为重点。一是立足中华民族悠久历史，坚定社会主义办学方向，充分发挥中国特色社会主义制度优势，突出中国风格、中国力量，以反映中国特色为依据进行载体创新；二是挖掘地区特色资源，运用地区独特优势，突出地区吸引力、影响力，以反映地区特色为依据进行载体创新；三是发扬中华优秀传统文化、社会主义先进文化、革命文化的精神品质，汲取地方文化资源，突出以文化人、以文育人的精神力量，以反映文化特色为依据进行载体创新。

3. 新时代思想政治教育载体创新要以融合为关键。一是要以传统载体和新兴网络技术融合进行载体创新。习近平总书记指出：要"推动思想政治工作传统优势同信息技术高度融合"①。传统的课堂教学载体具有直接沟通思想政治教育主客体的优势，但是在网络全面生活化的背景下却难以将教学的影响力延伸至教育对象的网络生活；而网络载体在传播思想政治教育信息方面虽然速度快、容量大和交互性强，但是直接沟通教育者与教育对象方面无法取代课堂教学载体。传统载体与网络载体各有优势，新时代思想政治教育载体创新要将两者有机地融合起来，利用移动互联网、VR（虚拟现实）、微信微博等网络技术及其衍生产品的深度发展开发出更多载体。二是要以不同思想政治教育载体之间的融合发展进行载体创新运用。思想政治教育载体的划分是相对的，不是决然不同和对立的，而是彼此之间属于交叉关系。当前伴随人们接受信息渠道途径的拓展以及人们生活方式、交往方式等的变化，不同思想政治教育载体之间需要更加紧密结合、融合渗透。因此，思想政治教育的课堂教学载体、语言文字载体、大众传媒载体、网络载体、管理载

---

① 习近平. 在全国高校思想政治工作会议上强调：把思想政治工作贯穿教育教学全过程 开创我国高等教育事业发展新局面［N］. 人民日报, 2016-12-09（1）.

体、活动载体、文化载体、活动载体等，都应该根据新时代人们信息接受方式的变化、生活场域的转变，进行合理利用与有机整合，不断创造出为人们所喜闻乐见的融合性载体。

总体而言，思想政治教育载体是联系教育者和受教育者的桥梁和纽带，是思想政治教育过程现实化的中介。对载体的应用具有规律性，而对不同载体的运用，实现教育效果也存在差异。新时代思想政治教育要把握载体运用规律，通过发挥载体作用而将教学实效最大化。

五、新时代思想政治教育遵循方法应用规律

方法，就是指人们在实践活动过程中为了达成特定目标而运用的一切手段、方式、原则和程序的总称。思想政治教育作为一种实践活动，需要运用一定的方法才能达成理想目标。思想政治教育方法，就是指教育者和受教育者在思想政治教育过程中为达到一定教育目的所采用的手段、方式、原则和程序等的总称。思想政治教育方法是达成目标的理论指导和实践工具，在思想政治教育过程中具有重要作用，是新时代思想政治教育实现有效性必须遵循的方法应用规律。

（一）新时代思想政治教育方法应用要遵循合理性

我国流传着"事倍功半"和"事半功倍"两个相对的词语，前者是指"做事费力大，而收效小"的意思，后者则是形容"做事得方法，费力小，收效大"的意思。这两者产生巨大差异的重要原因，就在于方法选择是否合理。选择方法不合理则容易事倍功半，而选择方法合理则容易事半功倍。随着社会不断发展，人们开发的教育方法愈加多种多样，但是新时代思想政治教育方法应用要遵循合理性。

1. 新时代思想政治教育方法应用要符合意识形态属性。思想政治

教育是关于做人的意识形态工作。思想政治教育目标是维护统治阶级的利益与意志,巩固无产阶级的政权。所以,新时代思想政治教育方法合理性应是符合"团结带领全国各族人民全面建成社会主义现代化强国、实现第二个百年奋斗目标,以中国式现代化全面推进中华民族伟大复兴"的意识形态目标的指向。同时,思想政治教育内容是建立在一定经济基础上的法律和政治的上层建筑所构成的,是反映和代表统治阶级利益和意志的思想体系。社会主义国家的意识形态内容是以马克思主义理论为指导的。恩格斯指出:"马克思的整个世界观不是教条,而是方法。"① 所以,新时代思想政治教育方法合理性应该符合马克思主义方法论的指引。

2. 新时代思想政治教育方法应用要符合客观实际情况。思想政治教育是一项关于改变人思想观念的创造性工作,它的使用方法不是固定不变的,而是依据客观实际的转变做出合适的选择。从客观实际出发就是要把客观事物作为观察和处理问题的根本出发点,这是马克思主义认识论的根本要求和具体体现。邓小平指出,思想政治教育要"能够适应经济形势和政治形势的要求,能够有利于而不是有碍于调整工作的顺利进行②"。这实质上表明思想政治教育的方法以客观实际为依据。思想政治教育所处的客观实际是非常宽泛的,例如,包括国际国内大环境、社会主要矛盾、国家发展目标追求、教育主客体客观需要、教育环境设施等宏观、中观或微观的情况。新时代思想政治教育方法应用要抓住中国特色社会主义社会主要矛盾转变的客观实际为根本,分析实现中华民族伟大复兴过程中的客观实际所发生的重大变革,依据具体情况、

---

① 中共中央马克思恩格斯列宁斯大林著作编译局. 马克思恩格斯选集: 第 4 卷 [M]. 北京: 人民出版社, 2012: 664.

② 邓小平. 邓小平文选: 第 2 卷 [M]. 北京: 人民出版社, 1994: 363.

具体条件，实事求是地运用各种方法。

3. 新时代思想政治教育方法应用要符合主客体的情况。主客体是思想政治教育方法应用不可缺失的关键因素，"只有思想政治教育主体具体地把方法应用于受教育者，方法效果才能体现出来①"。思想政治教育主体是教育活动的组织者、实施者，是运用方法的主体力量。思想政治教育方法应用要符合主体能力、意识、心理及预期。思想政治教育主体应根据教育对象、教育目标、教育内容等因素运用方法，要体现出主导性、创造性和前瞻性等特点。思想政治教育客体是指思想政治教育要作用的对象，是运用方法的目标群体，在教育过程中体现出受动性、可塑性和受控性的特点。思想政治教育方法应用要符合客体的年龄特点、认知能力、心理状态等，要充分激发客体的需要和动机。

（二）新时代思想政治教育方法应用要遵循综合性

恩格斯指出："当我们通过思维来考察自然界或人类历史或我们自己的精神活动的时候，首先呈现在我们眼前的，是一幅由种种联系和相互作用无穷无尽地交织起来的画面。"② 唯物辩证法认为，世界上的万事万物都处于普遍联系之中，而普遍联系又引起事物的运动发展。联系的普遍性表明思想政治教育是一个复杂的系统，它与外部因素、它的内部每个要素都会发生多种多样的相互作用；发展的普遍性表明思想政治教育是一个处于动态变化的系统，它时刻包含着新因素的产生以及旧因素的消退等情况；同时，我国教育目标是促进人全面发展，这也表明思想政治教育要坚持从联系和发展的普遍性出发，通用多元的方法助力教

① 李薇薇. 简析影响思想政治教育方法创新的三个层面 [J]. 思想教育研究，2012（7）：10-12.
② 中共中央马克思恩格斯列宁斯大林著作编译局. 马克思恩格斯选集：第3卷 [M]. 北京：人民出版社，2012：790.

育事业发挥促进人的全面发展的作用。联系和发展的普遍性决定了新时代思想政治教育方法应用要遵循综合性。

目前，人们从不同视角总结出多元的思想政治教育方法。从宏观视角分析，思想政治教育方法包括理论教育方法、实践教育方法、理论与实际相联系方法、批评与自我批判的方法等。从具体视角分析，思想政治教育方法包括疏导教育法、比较教育法、典型教育法、激励教育法、感染教育法、冲突教育法等。思想政治教育只是单一地运用某一种方法的情况很少，或者说只是单一地运用某一种方法比较难达到理想效果。为了达到良好效果，要根据教学目标、教学内容、教学对象、教学载体等客观实际情况，对各种思想政治教育方法进行选择、组合及重构，从而实现综合运用。

（三）新时代思想政治教育方法应用要遵循创新性

恩格斯指出："世界不是既成事物的集合体，而是过程的集合体，其中各个似乎稳定的事物同它们在我们头脑中的思想映象即概念一样都处在生成和灭亡的不断变化中，在这种变化中，尽管种种表面的偶然性，尽管有种种暂时的倒退，前进的发展终究会实现。"① 世界处于永恒的运动中，而运动必然引发变化和发展，为了适应变化和发展必然需要加强创新。

1. 新时代思想政治教育方法创新要坚持"以人为本"的理念。"以人为本"的理念是中国共产党以人民为中心宗旨意识的根本体现。坚持"以人为本"，就是一切为了人，一切依靠人；就是要尊重人、理解人、关心人，把不断满足人的需要、促进人的全面发展，作为根本出发

---

① 中共中央马克思恩格斯列宁斯大林著作编译局. 马克思恩格斯选集：第 4 卷［M］. 北京：人民出版社，2012：250.

点。党的二十大报告指出,"坚持以人民为中心的发展思想。维护人民根本利益,增进民生福祉,不断实现发展为了人民、发展依靠人民、发展成果由人民共享,让现代化建设成果更多更公平惠及全体人民"。在现代化建设中,我国始终坚持"以人为本"的理念。新时代思想政治教育方法创新的目的要落在"人的发展"的目标中,不能为了所谓的创新而创新。要以人为本的创新是以实践为基础,以满足人的需要为着力点,以促进人的全面发展为价值旨归。所以新时代思想政治教育方法创新要体现"人本性",为人的全面发展服务。

2. 新时代思想政治教育方法创新要坚持继承与发展相统一。马克思指出,"历史不外是各个世代的依次交替,每一代都利用以前各代遗留下来的材料、资金和生产力;由于这个缘故,每一代一方面在完全改变了的环境下继续从事所继承的活动,另一方面又通过完全改变了的活动来变更旧的环境①"。人类社会发展遵循历史延续性的规律,换言之,历史是现实的基础,而现实则是历史的发展。思想政治教育的传统方法是已经被实践检验的正确方法,具有历史意义。没有继承和借鉴就没有创新的条件,新时代思想政治教育方法创新要以传统方法为基础。然而,随着时代发展,新矛盾产生,新时代思想政治教育方法创新仅仅对传统方法进行继承和借鉴是不够的,还需要对传统方法进行扬弃和反思,找到传统方法的不足,实现超越。只有坚持继承与发展相统一,新时代思想政治教育方法才能保持优良传统,并且生长出新的优良特质,形成创新效应。

3. 新时代思想政治教育方法创新要利用"互联网+"的赋能作用。"互联网+"是指互联网和传统行业之间的有机融合,这已经日益成为

---

① 中共中央马克思恩格斯列宁斯大林著作编译局. 马克思恩格斯选集:第1卷 [M].北京:人民出版社,2012:168.

突破传统边界，推动社会创新进步的核心力量。习近平总书记指出：
"互联网是当前宣传思想工作的主阵地。这个阵地我们不去占领，人家
就会去占领；这部分人我们不去团结，人家就会去拉拢。"① 新时代
"互联网+思想政治教育"的创新方法具有现实必要性。这具体的实现
路径：一是促进现实的新时代思想政治教育方法网络转化，例如，促进
理论教育方法、理论联系实际、实践教育方法和批评与自我批评方法等
向网络空间延伸、拓展、改造、运用；二是运用网络技术促进新时代思
想政治教育跨学科借鉴移植再生创新，例如，将伦理学、心理学、政治
学、社会学等学科中的一些方法借鉴移植再生创新为网络思想政治教育
方法；三是促进新时代思想政治教育线上与线下虚实结合方法的生成，
例如，利用智能在线教育、云上智慧课堂、智慧职教等平台开展思想政
治教育线上线下一体化教学，利用 VR、AR、MR、CR 等手段开展思想
政治教育的虚拟空间的沉浸体验教学。

　　总的来说，方法是达成目标的手段。方法将直接决定新时代思想政
治教育实效性的实现。运用哪些方法？如何运用方法？新时代思想政治
教育方法的应用要遵循合理性原则、综合性原则、创新性原则，以正
确、科学的方法保障思想政治教育有效性的实现。

---

① 习近平. 习近平谈治国理政：第 2 卷［M］. 北京：外文出版社，2017：325.

第五章 方法论域：思想政治教育
有效性的实现策略

毛泽东指出："我们不但要提出任务，而且要解决完成任务的方法问题。我们的任务是过河，但是没有桥或没有船就不能过。不解决桥或船的问题，过河就是一句空话。不解决方法问题，任务也只是瞎说一顿。"① 这句话蕴含的道理是，目标的实现需要策略支撑。思想政治教育有效性的实现是各种条件综合作用的结果，需要采取正确的策略。而基于影响思想政治教育过程的相关因素，本书从教育主体、教育对象、教育介体以及教育管理等四个视域探讨思想政治教育有效性的实现策略。

一、基于教育主体的思想政治教育有效性实现策略

思想政治教育主体是指在思想政治教育活动过程中居于主体地位的个体或群体，其本质是根据一定阶级、一定政党的要求而开展思想政治教育活动的发动者、组织者和实施者。思想政治教育主体在教育过程中具有主导性、示范性和创造性的特质，有突出的作用。"主体对意义的

---

① 毛泽东. 毛泽东选集：第 1 卷［M］. 北京：人民出版社，1991：139.

追求，是其自身及社会进步的根本动力。"① 新时代思想政治教育有效性的实现需要以教育主体为依靠力量。

（一）优化教育主体人员配备

思想政治教育主体人员配备是实现思想政治教育有效性的最基本条件。然而长期以来，我国思想政治教育主体人员配备并不尽如人意。这主要表现在两方面：一是人员数量长期严重不足，以高校思想政治教育为例，无论是辅导员数量，还是思想政治理论课教师数量，都是长期处于不足的状态；二是人员结构相对单一，主要是由思想政治教育工作者承担，结构化师资队伍建设仍有待进一步加强，全员育人仍有待进一步加强。

为实现新时代思想政治教育有效性需要不断优化教育主体人员配备。一是要配齐学校思政课教师。学校思政课是开展思想政治教育的主渠道、主阵地，直接关系到思想政治教育有效性，配齐学校思政课教师的意义重大。高校要严格按照师生比不低于 1：350 的比例核定专职思政课教师岗位。核定或调整中小学编制时应充分考虑思政课教师的配备情况，小学低、中年级配备一定专职教师，小学高年级以专职为主，初中、高中配齐专职教师，确保专职配备比例逐年提升。二是加强结构化师资队伍建设。要建设起一支专职为主、专兼结合、数量充足、素质优良、名师辈出思想政治教育工作队伍。积极聘请能够胜任思想政治教育工作的地方党政干部、退休公务员、社科理论专家、爱国主义教育基地负责同志以及各行业先进模范、英雄人物等担任兼职思想政治教育工作者。三是要加强"三全育人"。"三全育人"即是指全员育人、全程育

---

① 赵灯峰，周俊强 . 思想政治教育主体意义论纲 ［J］. 苏州科技大学学报（社会科学版），2020，37（1）：93-100.

人、全方位育人。通过加强"三全育人"建设，充分发挥思政课教师、辅导员、教育管理人员、后勤管理人员等职工的作用，进一步拓展思想政治教育育人主体。

（二）培养教育主体责任意识

思想政治教育主体是整个思想政治教育活动的组织领导者，负责规划、协调、控制和统摄全局，是教育发挥功能的决定性力量。思想政治教育主体的主观能动性是推动思想政治教育实践发展的重要因素。新时代只要加强培养思想政治教育主体的责任意识，才能不断实现思想政治教育的实效性。

1. 增强教育主体理想信念。理想指引方向，信念决定成败。理想信念是思想政治教育主体做好各项工作的内在动力，是培养主体责任意识的重要方面。一是思想政治教育主体需要坚定的共产主义理想信念。共产主义是中国共产党人坚守的政治信念和追求的社会理想，对共产主义的坚定信仰是中国共产党人取得一切胜利的精神动力和力量源泉，为共产主义而奋斗不息是中国共产党人的崇高使命。思想政治教育的重大任务是引领广大人民群众为实现共产主义而奋斗。坚定共产主义是对思想政治教育主体的根本要求，是发挥引领作用的根本所在，是具备责任意识的根本体现。二是思想政治教育主体需要增强对中国特色社会主义的信念。中国特色社会主义，承载着几代中国共产党人的理想和探索，寄托着无数仁人志士的夙愿和期盼，凝聚着亿万人民的奋斗和牺牲，是近代以来中国社会发展的必然选择。历史事实证明，只有社会主义才能救中国，只有中国特色社会主义才能发展中国。思想政治教育需要向广大人民群众阐述我国坚持和发展中国特色社会主义的必然性，推动广大人民群众坚定"四个自信"。增强中国特色社会主义信念是对思想政治教育主体的核心要求，是开展"四个自信"教育的必备条件，是具备责任意识的核心体现。三是思想政治教育主体需要增强对实现中华民族伟大复兴的信心。实现中华民族伟大复兴是近代以来中华民族的伟大梦想。尽管实现中华民族伟大复兴是一项艰巨的事业，但是我国当前比任何时期都要接近民族复兴。思想政治教育要为实现中华民族伟大复兴凝聚力量而服务，推动全体人民为实现中华民族伟大复兴而奋斗。增强实现中华民族伟大复兴信心是对思想政治教育主体的重要要求，是弘扬以爱国主义为核心的时代精神和以改革创新为核心的时代精神的重要条件，是具备责任意识的重要体现。

2. 增强教育主体育人品格。教师具有榜样性，对学生具有启示作用。教师日常工作认真负责的意识，根源于良好品格的养成。思想政治教育是做人的工作，既要对学生成长成才负责，又要对国家培养德智体美劳全面发展的社会主义建设者和接班人负责，对增强教育主体的育人品格有着更高的要求。一是要增强"以生为本"的理念。教育要为学生成长成才服务，这离不开"以生为本"教育理念的指引。新时代思想政治教育主体要牢固树立"以生为本"的教育理念，面向全体学生，关注每一位学生的需求；做到因材施教，注重每一位学生的成长，发展每一位学生的个性；将促进学生的发展作为出发点和归宿，建立学生"自主、合作、探究"学习的主阵地，促进学生坚定马克思主义理想信念，发展学生的鲜明个性，形成完善独立的人格，提高整体综合素质。二是以"六要"为标准加强师德师风建设。2019 年 3 月 18 日，习近平总书记在学校思想政治理论课教师座谈会上提出，办好高校"关键课程"，关键在教师，并且指出，打造高素质的高校思政课队伍要以"六要"为标准，即"政治要强、情怀要深、思维要新、视野要广、自律要严、人格要正的总要求"。尽管这"六要"标准是为提升思政课教师的素质而提出来的，但是思政课教师是我国思想政治教育的主力军，同时"六要"标准也具有普遍适用性，对所有思想政治教育主体具有普遍的指导意义。因而要以"六要"标准加强思想政治教育主体的师德师风建设，培养他们良好的主体责任意识。三是要增加肩负立德树人使命感。立德树人是我国教育的根本任务。党的十八大报告指出："全面贯彻党的教育方针，坚持教育为社会主义现代化建设服务，为人民服务，把立德树人作为教育的根本任务，培养德智体美全面发展的社会主义建设者和接班人。"① 思想政治教育主体肩负着立德树人，培养社会主义建设者和接班人的伟大历史使命。思想政治教育主体要增强立德树人的使命感，发挥思想政治教育工作的积极性、主动性、创造性。

（三）提升教育主体专业素养

决定思想政治教育有效性实现程度的关键因素是教育主体的专业素养。"教师专业素养是教师在先天条件基础上，经历养育、教育和实践等各种后天途径逐步养成，对教师的教育、教学活动有着显著影响的素质和修养。"② 这个定义既表明教育主体专业素质与后天的培养密切相关，又表明了教育主体专业素质的重要作用。因而促进思想政治教育有效性实现必然需要以提升教育主体专业素养为条件。

1. 增强专业知识储备。思想政治教育是非常专业的工作，需要教育主体具备良好的专业知识储备。这些专业知识涵盖：一是思想政治教育学科知识，包括思想政治教育原理、思想政治教育方法论、中国共产党思想政治教育史、中国共产党历史、马克思主义基本原理、思想政治

---

① 胡锦涛. 坚定不移沿着中国特色社会主义道路前进 为全面建设小康社会而奋斗——在中国共产党第十八次全国代表大会上的报告［N］. 人民日报，2012-11-18（1）.
② 黄友初. 教师专业素养：内涵、构成要素与提升路径［J］. 教育科学，2019，35（3）：27-34.

教育心理学、政治学原理、马克思主义中国化理论成果等专业知识；二是支撑思想政治教育必不可少的哲学、社会科学、自然科学等专业知识，包括法学、社会学、伦理学、公共关系学、中国哲学、西方哲学、科技哲学等系列知识；三是思想政治教育思维方法。恩格斯指出："一个民族要想站在科学的最高峰，就一刻也不能没有理论思维。"理论思维是思想政治教育主体必备素质。这些理论思维包括归纳与演绎、分析与综合、抽象与具体、逻辑与历史相统一等。

思想政治教育主体要树立主动学习、终生学习的理念，采取有效路径增强专业知识储备。一是引导思想政治教育主体坚持加强专业学习，通过阅读书籍特别是马克思主义经典著作，加强专业理论修养。二是引导思想政治教育主体保持专业知识更新，以马克思主义中国化时代化为重要主线，与时俱进地掌握党和国家理论发展，推动专业知识的不断更新进步。三是引导思想政治教育主体积极参加各类专业培训。教育主管部门、学校等组织机构为思想政治教育主体专业学习构建平台、创造机会，组织思想政治教育主体参与各类专业培训活动。同时，要采取有效机制，激励思想政治教育主体积极主动地参与到学习中。

2. 增强专业能力积淀。思想政治教育专业能力是指思想政治教育主体从事教学、科研和社会服务等实践活动应具备的最核心的专业素质。思想政治教育主体专业能力主要包括以下方面：一是过硬的教学本领。教学能力是思想政治教育主体专业能力体系中最为核心的能力。如何将自身丰富的专业知识更好地传授给受教育对象、说服受教育对象，是思想政治教育主体需要修炼的重要基本功。精心的教学设计、精湛的教学艺术、合理的教学安排、灵活的课堂组织、良好的语言表达、活泼的授课氛围、多样化的媒体运用、丰富多彩的实践活动等，都是思想政治教育主体应当掌握的基本教学技能。二是良好的科研能力。科研能力是思想政治教育主体专业能力体系中最为重要的能力。重视科研能力建设有利于推动思想政治教育主体不断学习，增强专业知识能力；有利于推动思想政治教育主体将教学经验上升到理论高度，增强教学的理论指导和理论思维；有利于推动思想政治教育主体改进教学方法，增强教学的亲和力、吸引力和针对性。所以思想政治教育要有效构建科研能力。三是良好的社会服务能力。知识要转化成为社会实践才有意义，同时社会实践是知识的重要来源以及检验知识真理性的唯一标准。所以思想政治教育主体要培养良好的社会服务能力，加强社会实践的针对性以及通过社会实践增强能力体系的完善发展。

3. 增强专业文化底蕴。文化育人是思想政治教育的重要方式。习近平总书记指出，新时代要更加重视以文化人、文化育人，"努力用中华民族创造的一切精神财富来以文化人、以文育人①"。为了更好地促进文化育人，思想政治教育主体需要不断增强专业文化底蕴。一是要加强思想政治教育发展史学习，包括中国思想政治教育发展史、外国思想政治教育发展史，理解思想政治教育内人的文化因素，通过它们来增强思想政治教育活力。二是要加强中华优秀传统文化学习，学习优秀传统文化中的"仁爱""民本""诚信""正义""友善"等内容，使它们有效地融入思想政治教育活动。三是加强革命文化学习，学习革命文化蕴含的历史知识、信仰资源、价值观念、精神品质等方面，使它们转化成思想政治教育的重要载体。四是加强社会主义先进文化学习，学习社会主义先进文化蕴含的马克思主义理论、中国特色社会主义共同理想、社会主义核心价值观等内容，使它们成为思想政治教育的文化引领。五是加强向世界优秀文化学习。习近平讲到，"世界文明瑰宝比比皆是"②；

---

① 习近平．习近平谈治国理政：第 1 卷［M］．北京：外文出版社，2014：164.
② 习近平．在文艺工作座谈会上的讲话［N］．人民日报，2015-10-15（02）．

有学者指出："对'文化'的发展没有一个全球眼光是不行的。"① 新时代思想政治教育主体有必要加强学习、借鉴和利用灿烂辉煌的世界优秀文化成果，开拓思想政治教育的文化视野。

（四）提高教育主体创新能力

"创新能力是指运用新知识或新理论，在各种实践领域中能够提供具有经济（社会、生态）价值的新思想、新理论、新方法和新产品（人才）的能力。"② 思想政治教育需要具有创新性才能巩固国家主流意识形态。因此，思想政治教育主体需要不断地提升创新能力。

1. 提高创新意识。意识对行动具有能动的反作用。思想政治教育主体要提升创新愿望与兴趣，包括要乐于接触思想政治教育新鲜有趣的事情；要愿意花时间和精力去研究思想政治教育的新想法；要辩证地看待问题，"不唯书""不唯师"地探究思想政治教育的新问题。

2. 提升创新思维。思想政治教育主体要善于和敢于打破思维定式，提升创新思维能力。要多运用发散思维，从多个维度思考问题，寻找解决问题的方法；要善于运用逆向思维，突破正向思维，争取出奇制胜；要勤于用科学类比思维，通过参考多种教育资料，从中寻找到思想政治教育活动的特点，并选择最优的教学方法，有效地开展教学活动。

3. 提升创新技能。为了达成教育目标，思想政治教育主体要善于创新教育的技巧和手段。要重视内容创新，把教育内容与社会现实进行创造性整合，增强教育内容的新颖性；要重视方法创新，结合受教育对象特点，依据教学内容实际情况，选择恰当的教学方式方法，增强学生

---

① 汤一介. 中国传统文化的特质［M］. 上海：上海教育出版社，2019：4.
② 马桂霞. 高职院校教师创新能力的概念及提升意义［J］. 改革与开放，2011（18）：163.

自主学习能力；要重视管理创新，根据学生成长规律和个性特征，形成个性化管理策略，做到因材施教；要重视科研创新，对思想政治教育原理、教育实践展开研究，推动理论与实践创新，并服务于日常教育实践。

二、基于教育对象的思想政治教育有效性实现策略

中国有"教学相长"这样的一则成语。它最早出自西汉戴圣的《礼记·学记》，意思是指通过教授、学习，不但能使学生得到进步，而且也可借此提高教师本身的水准，表示教与学相互促进。这表明在教育活动中，教育对象是必不可少的条件，是教育要具体服务的对象。"思想政治教育的对象是人。开展思想政治教育就是要使受教育者接受符合社会发展所要求的思想政治品德。"① 新时代思想政治教育有效性的实现，不仅要着眼于教育主体能力建设，而且同时也要加强对教育对象的研究，吸引教育对象学习，激发教育对象学习潜能，促进教育对象成长成才，促进教育对象积极投身于社会主义现代化建设。

（一）正确对待教育对象的地位

正确对待教育对象的地位是实现思想政治教育有效性的重要前提。"思想政治教育对象地位是指思想政治教育对象在教育活动中所处的位置。思想政治教育对象在思想政治教育中，居于接受教育者的教育引导的地位。"② 尽管与教育主体相比，教育对象处于客体地位，但是这并不意味着思想政治教育对象处于次要地位，并不意味着思想政治教育对

---

① 渠彦超. 论思想政治教育对象的主体性及其开发路径 [J]. 重庆科技学院学报（社会科学版）. 2012（19）：18-20.

② 郑永廷，刘书林，沈壮海. 思想政治教育原理 [M]. 北京：高等教育出版社，2016：211.

象只是一个配合者。在本质上，思想政治教育对象处于思想政治教育系统的中心地位，是教育主体的服务对象，是教育行动的根本指向。

1. 要明确思想政治教育对象不可或缺的地位。教育主体与教学对象构成了矛盾的两方面，他们之间相互依存、相互作用，不可或缺。思想政治教育主体只有作用于思想政治教育对象，才能具体地体现自身存在的价值，否则就只是一个抽象的幻想活动。思想政治教育对象非常广泛，国家的每一个人都具有成为思想政治教育对象的可能性；思想政治教育对象存在具有条件性，同时在特定条件下思想政治教育对象与思想政治教育主体具有相互转化的可能性。因此我们应该以辩证的思维来看待思想政治教育对象地位的变化发展。

2. 要明确思想政治教育对象具有受动性。这是指思想政治教育对象是受思想政治教育主体影响的接受者。思想政治教育对象接受知识教育、能力培育、思维锻炼等是在思想政治教育主体预设的情形下开展的，体现出一定的受动性。在一般情况下教育对象要根据教育主体的教育活动安排，支持和接受教育主体的引导与影响。这表明思想政治教育主体是会对教育对象产生重要影响的人。所以思想政治教育主体既要重视灌输教育方法，让教育对象系统接受思想政治教育影响，又要重视启发教育方法，以民主方式正确对待教育对象受动性的地位，给予教育对象正面影响以及更多的启发和引导。

3. 要明确思想政治教育对象的中心地位。尽管思想政治教育者处于主体地位，但是思想政治教育主体的所有行动都应该以教育对象发展为目的，否则教育实践就是没有意义的。具体而言，制定思想政治教育的教学内容、方式方法、实施方案、教学评价等都要坚持从教育对象的实际情况出发。同时，检验思想政治教育实效性的根本标准，应该是从是否满足教育对象需要，是否促进教育对象发展出发。因而思想政治教育主体是要充分尊重思想政治教育中心地位，切实做到"以生为本"。

（二）激发教育对象主观能动性

人具有主观能动性。马克思指出，人在"劳动过程结束时得到的结果，在这个过程开始时就已经在劳动者的表象中存在着，即已经观念地存在着"①。列宁指出，"世界不会满足人，人决心以自己的行动来改变世界②"。思想政治教育对象是有血有肉、有思想、有情感的人而不是物，在思想教育过程具有自觉性和积极性的主观能动性。实现思想政治教育实效性需要发挥思想政治教育对象的自觉性和积极性，激发教育对象的主观能动性。

1. 要深入了解教育对象的实际情况。从实际出发是正确发挥人的主观能动性的前提。只有从实际出发、充分反映客观规律的认识，才是正确的认识；只有以正确的认识作为指导，才能形成正确的行动。在思想政治教育过程中，掌握教育对象成长与发展的规律，了解教育对象心理特点，调研教育对象的实际需求。通过增强思想政治教育活动与教育对象实际情况的相互契合性，解决教育对象实际需求，激发教育对象的主观能动性。

2. 要发挥实践在调动教育对象主观能动性的作用。实践是正确发挥人的主观能动性的根本途径。正确的认识要变成现实的物质力量，只能通过物质的活动——实践才能达到。为了激发教育对象的主观能动性，思想政治教育主体要充分发挥实践的重要作用。一是要重视将教育内容与社会实践相结合，以社会实践的案例、事实导入教育，以社会实

---

① 中共中央马克思恩格斯列宁斯大林著作编译局. 马克思恩格斯选集：第 2 卷［M］. 北京：人民出版社，2012：93.

② 中共中央马克思恩格斯列宁斯大林著作编译局. 列宁全集：第 55 卷［M］. 北京：人民出版社，2017：183.

践的素材充实教育内容，以促进教育对象实践能力的发展作为教育目标，激发教育对象理解教育意义；二是要重视开展课堂实践活动。在思想政治教育课堂中开展主题讨论、辩论、演讲等课内实践活动，增强课堂教学的互动性、趣味性，激发教育对象参与课堂学习的积极性；三是要积极开展课外实践。思想政治教育要充分利用社会大课堂，引导教育对象走出课堂，走进社会。思想政治教育对象通过走进社会大课堂，参与各种社会实践活动，形成在"学中做"以及"做中学"的良好状态，有利于增强学习的主动性和自觉性。

3. 要为发挥教育对象主观能动性创造条件。正确发挥人的主观能动性，还要依赖于一定的物质条件和物质手段。"巧妇难为无米之炊"，没有现实的原材料，人的意识再"巧"也创造不出任何物质的东西来。思想政治教育主体要发挥教育对象主观能动性首先就要准备充分理论材料，为他们进行深入理论学习提供理论材料支持。其次，要有足够经费支持，保障教育对象参与各项实践活动、参与各类培训、开展继续教育学习等的经费资助。最后，要有良好的软件、硬件作为保障条件，例如，开发关于思想政治教育软件、建设思想政治教育虚拟仿真平台、建设思想政治教育智慧课室等措施。

（三）做好重点教育对象的工作

唯物辩证法指出，依据矛盾普遍性与特殊性的规律，在实际工作中要坚持"重点论"。"重点论"是指要着重把握主要矛盾、矛盾的主要方面，并以此作为解决问题的出发点。为了提高思想政治教育实效性，需要做好重点教育对象的工作，发挥其基础和引领作用。

新时代青少年这一群体是思想政治教育的重点教育对象。首先，青少年在国家和民族所处的地位决定了思想政治教育工作要以其为重点。

梁启超在《少年中国说》中指出，"少年智则国智，少年富则国富；少年强则国强，少年独立则国独立；少年自由则国自由；少年进步则国进步；少年胜于欧洲，则国胜于欧洲；少年雄于地球，则国雄于地球"。习近平总书记指出："历史和现实都告诉我们，青年一代有理想、有担当，国家就有前途，民族就有希望，实现我们的发展目标就有源源不断的强大力量。"青少年是国家的未来和民族的希望，是党和人民事业发展的推动力量。其次，与其他群体相比，青少年的可塑性也决定了思想政治教育工作要以其为重点。青少年正处于人生成长的关键时期，他们受到的社会影响较少，涉世未深，处世经验少，对世间"真、善、美"的标准还没有最终确立，思想比较单纯，还具有很强的塑造性。他们的思想假如没被正确的方向引导，就极有可能被错误的价值观念占领，因此全社会必须重视青少年的思想政治教育工作。最后，青少年思想政治教育问题较为突出也决定了思想政治教育要以其为重点。受市场经济拜金主义以及网络暴力等影响，青少年的价值观念成长容易出现偏差；受多元社会思潮影响，青少年对主流意识形态的认同感、认可度受到较大挑战；受青少年认知水平影响，青少年分辨"真与假""善与恶""美与丑"存在不小的挑战。以问题为导向，重点加强青少年思想政治教育工作也具有必然性。

重点做好青少年思想政治教育工作要做好以下几方面工作：一是要加强青少年特点研究。对青少年的充分了解是做好青少年思想政治教育工作的重要条件。这包括：增强对青少年心理发展研究、青少年学习规律研究、青少年行为习惯研究、青少年接受思想政治教育影响因素研究，等等。而为了加强对青少年的研究，思想政治教育主体要深入到青少年学生群体之中，对他们的学习生活进行深入观察，形成充分的感性认识。同时，思想政治教育主体要加强科研能力，用科研手段和方法加强对青少年特点的理性认识。二是形成青少年思想政治教育联动效应。要发挥家庭教育的基础作用，通过家长的言传身教引导青少年形成良好的品德修养，遵守社会公德；要突出学校教育的重点功能，通过学校系统性的教育，促进青少年思想政治素质全面发展，形成理想的、完整的人格；要以社会教育为依托，通过营造良好的舆论和宣传环境，努力为青少年营造一个人人向善、向善光荣、向恶可耻的思想道德环境；要发挥自我教育的根本作用，让青少年认识到良好思想政治素质是自身成长必不可少的一部分，对将来的人生发展具有重大意义。三是要形成适应青少年特点的教学方法体系。加强青少年思想政治教育要坚持"情趣交融""虚实结合"的准则。具体而言，要考虑青少年的情感要求，善于利用亲近的教育内容，重视运用隐性、启发性的教育方式方法；要照顾青少年的趣味追求，通过开展喜闻乐见的方式方法，改变单调枯燥的理论讲授的方式方法；要利用青少年使用互联网的特点，发挥互联网的赋能作用，利用"互联网+"的方式方法改善环境的状况，创新内容载体；要遵循青少年理论与实践相统一的认知原则，开展各种思想政治教育的实践活动。

三、基于教育介体的思想政治教育有效性实现策略

教育介体是与教育主体、教育对象共同构成思想政治教育系统的重要因素之一。思想政治教育介体的内涵是指"思想政治教育主体为实现一定的思想政治教育效果，而对思想政治教育客体采用的教育方法、手段、内容等，也包括二者间产生作用的环境"①。思想政治教育介体具有十分重要的地位，是聚合思想政治教育主体与客体的"神经中

---

① 夏风云，王立慧，熊芳苑新时代高校学生思想政治教育介体联动机制探析 [J]. 河南教育（高等教育）. 2022（05），41-42.

枢"。新时代思想政治教育实效性的实现需要不断加强教育介体建设，以优良的教育介体促进教育高质量发展。

（一）改善教育环境

思想政治教育环境是指"思想政治教育活动所面对的围绕在教育对象周围的影响思想政治教育活动运行和影响人的思想品德形成与发展的一切外部条件与因素的总和①"。具体包括，经济、政治、文化、大众传播等方面的环境。马克思指出："人创造环境，同样环境也创造人。"② 思想政治教育环境是开展思想政治教育实践的外界环境支持，对思想政治教育实践起到物质保障、价值导向、感染熏陶、精神动力和行为约束等方面的功能。为提高新时代思想政治教育实效性，需要探索有效策略并改善教育环境。

1. 改善经济环境。经济基础决定上层建筑，社会不良思想根源通常与特定的经济问题相关，所以营造良好的经济环境是促进新时代思想政治教育实效性实现的关键要素。一是坚持要和完善社会主义基本经济制度，促进经济高质量发展，提高人们的收入水平，不断实现人民对美好生活的向往。二是要保证市场公平健康有序竞争，正确处理好市场与政府的关系，做好"放管服"改革，政府不该管的就放手，该管理的要管理到位，切实维护市场公平竞争秩序，依法履行好政府职能，促进市场经济有序运行。三是依法打击扰乱市场秩序行为，防止部分企业过分资本逐利产生垄断而损害国家与人民利益，督促相关企业承担相应的社会责任，打击违法违纪的经济行为，增强政府在经济活动中的公信力。四是要注重分配过程中的效率与公平，注重社会公平，协调好各种

---

① 张耀灿. 现代思想政治教育学［M］. 北京：人民出版社，2001：234.
② 中共中央马克思恩格斯列宁斯大林著作编译局. 马克思恩格斯选集：第 1 卷［M］. 北京：人民出版社，1995：92.

利益关系，努力缩小收入差距，避免严重的贫富分化问题。

2. 改善政治环境。思想政治教育与国家政治发展密切相关，深刻地影响着人们对国家政治制度的认同和遵守。加强思想政治教育要不断改善政治环境。一是必须要坚定不移地走中国特色社会主义政治发展道路，坚持党的领导、人民当家作主、依法治国有机统一，坚持人民主体地位，充分体现人民意志、保障人民权益、激发人民创造活力。二是要全面发展协商民主。坚持和完善中国共产党领导的多党合作和政治协商制度，坚持党的领导、统一战线、协商民主有机结合，坚持发扬民主和增进团结相互贯通、建言资政和凝聚共识双向发力，引导人们积极行使宪法赋予的权利，积极参与国家政治生活、管理国家与社会公共事务。三是要坚持全面依法治国，推进法治中国建设。要完善以宪法为核心的中国特色社会主义法律体系，扎实推进依法行政，严格公正司法，加快建设法治社会。四是要加强反腐倡廉建设。要坚持不懈抓好政治生态建设，扭转不正之风、肃清党内流毒，增强党的政治威信，重塑党和政府形象，党内政治生态取得了根本性好转，激发了人民的情感认同，提高了思想政治教育的影响力和吸引力。

3. 改善文化环境。习近平总书记指出："要更加注重以文化人、以文育人。"[①] 良好的文化环境，不仅能够满足人们的精神文化需要，而且可以使人们的思想道德品行得到健康发展。新时代要不断改善思想政治文化环境。一是要坚定文化自信，充分彰显文化在国家发展、国际竞争中的重要作用，增强国家文化软实力。二是要继承和弘扬中华民族优秀传统文化，开发和利用好传统文化中所蕴含的思想道德资源，促进传统文化创新发展与创造性转化，发挥优秀文化在人们思想观念、价值取

---

① 习近平. 把思想政治工作贯穿教育教学全过程 开创我国高等教育事业发展新局面 [N]. 人民日报，2016-12-09（1）.

向、行为养成等方面的积极作用。三是大力弘扬革命文化，要加强革命遗址保护，开发和利用好各种红色资源，通过红色资源充分展现中国共产党人在革命斗争中的精神风貌。四是要加强社会主义先进文化建设，培育和践行社会主义核心价值观，弘扬以爱国主义为核心的民族精神和以改革创新为核心的时代精神，用社会主义先进文化引领人们的思想行为。

4. 改善大众传播环境。习近平总书记指出："做好网上舆论工作是一项长期任务，要创新改进网上宣传，运用网络传播规律，弘扬主旋律，激发正能量，大力培育和践行社会主义核心价值观，把握好网上舆论引导的时、度、效，使网络空间清朗起来。"① 互联网是思想政治教育的一个新的重要阵地，新时代要不断改善大众传播环境。一是要充分认识占领互联网阵地的重要性，积极占领网络空间，既要敢于在网络中跟不良信息针锋相对，又要善于在网络中发出正确的声音，牢牢把握网络空间这块思想政治教育的必争之地。二是要在正确认识和科学利用的基础上，发挥网络环境的积极作用，抵制网络环境的消极作用。具体的办法是在网络环境建设和优化过程中遵循网络中的相关协议、遵守网络道德、遵守法律法规、遵守网络信息传播的规律。三是要加强网络空间道德建设，大力营造网民文明上网、安全上网，不信谣、不传谣，形成公民个人自觉遵守网络道德规范的社会风气。四是加强对网络舆论的监督与引导，明晰网络社会规范倡导什么、坚决反对什么；发挥网民互相监督的作用，增强网民社会责任感、参与感；通过德法并举来确保思想政治教育网络环境，发挥法律规范作用，严格追究不道德行为的法律

---

① 新华社. 习近平主持召开中央网络安全和信息化领导小组第一次会议强调 总体布局 统筹各方 创新发展 努力把我国建设成为网络强国 [J]. 保密科学技术，2014（2）：4.

责任。

（二）优化教育内容

思想政治教育内容是为了达成一定的教育目标，思想政治教育者向受教育对象传授讲解的知识、理论、观点等内容，是两者联系和转化的中介。思想政治教育内容具有政治性、目的性、科学性、系统性和时代性等特征，是思想政治教育实践中最为关键的介体。新时代思想政治教育内容以巩固马克思主义主流意识形态为中心，包括马克思列宁主义、毛泽东思想和中国特色社会主义理论体系、思想道德与法治、中国革命建设和改革开放历史、国家安全等核心内容。由于思想政治教育内容不是固定不变，而是发展变化的，因而需要根据思想政治教育目标、环境、对象的具体情况不断变化而进行不断优化。只有思想政治教育与时俱进，不断优化，才能有效地提升实效性。

1. 要以习近平新时代中国特色社会主义思想为根本引领。新时代思想政治教育要深入反映党的理论最新发展。马克思主义中国化不断推进，形成习近平新时代中国特色社会主义思想的最新理论成果。习近平新时代中国特色社会主义思想，系统回答新时代坚持和发展什么样的中国特色社会主义、怎样坚持和发展中国特色社会主义等重大问题，明确坚持和发展中国特色社会主义的基本方略，提出一系列治国理政的新理念新思想新战略，实现了马克思主义中国化时代化新的飞跃，为新时代党和国家事业发展提供了根本遵循。新时代思想政治教育内容优化，需要突出习近平新时代中国特色社会主义思想的重要地位，要采取各种教育形式，利用各种教育手段，将习近平新时代中国特色社会主义思想全方位地融入思想政治教育的全过程，引导广大人民群众深入学习，逐步掌握新时代的新思想、新观念、新理论。

2. 要优化思想政治教育内容结构。首先，要建立以社会主义核心价值观为中心的思想政治教育内容结构。一个社会的核心价值观念体现这个社会特有的文明形态和精神实质，体现思想政治教育的方向和性质，居于思想政治教育内容的核心地位，所以新时代优化思想政治教育内容要全面贯穿社会主义核心价值观。这就要将社会主义核心价值观向受教育对象进行深刻而系统的解读，让受教育对象明确奋斗方向与获得的利益，并最终将其内化为自身的价值追求。其次，要建立以社会需求体系为切入点的思想政治教育内容结构。在稳定思想政治教育核心内容的基础上，一方面要充分考虑社会发展的需求、时代的变化，对现有思想政治教育内容进行不断地补充和完善，拓宽思想政治内容的覆盖面，将更加优秀的思想理论、科学的研究成果纳入思想政治教育内容；另一方面要满足个体成长成才需求，充分注重受教育对象需求的合理性和可行性，增强思想政治教育内容在当代政治、经济和文化生活中的实用性，服务于受教育对象的需要。最后，要利用信息技术力量丰富思想政治教育内容结构。新时代思想政治教育要基于受教育对象在各个时期的不同学习诉求，提供多元化与立体化的学习内容，积极顺应信息化社会文化建设和发展的客观规律，建设网络思政教育内容体系，积极开发满足信息化社会发展需要的网络文化精品，拓展网络形态的思想政治教育内容。

3. 要推进大中小学思政课教学内容一体化建设。思政课教材内容的重复问题，是长期困扰大中小思政课教学的突出问题。因此，新时代优化思想政治教育内容建设需要不断推进大中小学思政课教学内容的一体化建设。为了解决这个问题，关键是要"螺旋上升"地开设大中小学思政课教学内容。习近平总书记指出："在大中小学循序渐进、螺旋上升地开设思想政治理论课非常必要。"① 经过螺旋上升的方式，一系列重复的内容就会被不断地"扬弃"，从而实现不同学段教育内容的一体化。一是要坚持连贯性与阶段性相统一。大中小学思政课教学内容需要由浅入深、由易到难的前后贯通，并且不同学段之间要有侧重点。其中，小学阶段要注重启蒙教育，中学阶段要注重常识教育，大学阶段要注重理论教育。二是要坚持渐进性与梯度性相统一。大中小学思政课在教学内容衔接的过程中，要把握好内容的难易度，实现逐层进阶。高层次学段在与低层次学段的基础上，进行延伸和扩展。其中，小学阶段引导学生了解社会道德规范，养成遵守社会规范的良好习惯；中学阶段引导学生关心国家和社会的发展，培养积极向上的生活态度以及深厚的爱国主义情感；大学阶段引导学生体验中国特色社会主义的辉煌成就，拓宽视野，深化家国情怀，勇于担当民族复兴的使命。

（三）转换教育话语

思想政治教育话语是指"在特定的时代环境里，教育主体遵循一定的话语规则和规律，用来建构、疏通思想政治教育活动过程中的各种关系，实现思想政治教育目的的言语符号系统②"。思想政治教育话语是思想政治教育理念的具体表征与实践的主要载体，是思想政治教育实践顺利开展的必要前提，它的效果与思想政治教育有效性存在正相关的关系。为了增强新时代思想政治教育有效性，有必要按照具体情况转换教育话语。

1. 要善于将政治话语转向学理化。政治性是思想政治教育的重要特性，政治话语在思想政治教育话语体系中占有重要地位。尽管政治语

---

① 习近平. 习近平谈治国理政：第 3 卷 ［M］. 北京：外文出版社，2020：329.
② 毕红梅，付林溪. 新媒体语境下高校思想政治教育话语转换探析 ［J］. 思想教育研究，2015（5）：12-15.

言具有独特的精彩与魅力，但是由于政治话语相对严肃性以及政治话语与生活语言存在差异等原因，它也存在对一定群体吸引性不足的问题，具有话语转换的必要性。思想政治教育要坚持政治性与学理性相统一的原则，促进政治话语向学理化转换。这要求对于政治内容或者政治现象不能仅仅停留在表面，而是要上升到学理高度，进行深入的逻辑诠释和理论解读，引领受教育对象把握相关政治内容或者政治现象本质规律。在高校课堂上，大学生整体素质较高，对学术具有一定的追求，思想政治教育将政治话语转向学理化更为必要。同时要注意，将政治话语转向学理化，并不是要淡化政治，而其根本是要"以理服人"，通过学术化话语的诠释，促进人们心悦诚服地接受特定的价值影响。为了促进政治话语转向学理化，需要教育主体既要具有高度政治素质，又要具有深厚的学术能力，实现政治性与学理性的有效融合与贯通。

2. 要善于将学理话语转向通俗化。思想政治教育话语是多样的、是灵活的。思想政治教育学理化话语也存在不够通俗易懂的局限性。这容易导致思想政治话语远离受众的日常生活及语言，不容易被理解；比较枯燥，欠缺生动性；比较冷静甚至冷漠，不够亲和等问题。特别在面向普通老百姓的思想政治教育过程中，学理化话语的不足会被放大。为了更好亲近受教育者，促使思想政治教育更好地被人们接受，有必要将学理话语转化为通俗话语。将学理话语转向通俗化，一是需要为学理性话语提供一定的通俗性解释说明，为具体的理解提供帮助；二是需要用通俗话语演绎、表达学术性的观点和内容，使学理化的内容更"接地气"；三是需要把握一定的"度"，不能将"通俗化"走向"庸俗化"，要在通俗的话语中体现真理的力量。

3. 要善于将通俗话语转向趣味化。具体的实践教学对思想政治教育话语提出更高要求，不仅要易于接受，而且更要体现出趣味性，吸引人的倾听与学习。这需要重视在通俗话语中增加趣味性，由通俗话语向趣味性转化，使话语表达得"淡而有味"。这要做到以下几方面的要求：一是思想政治教育话语要表现出一定的具体化，把抽象的内容具体地表达出来；二是思想政治教育话语要表现出一定的形象化，把思维的内容形成一定的表达；三是思想政治教育话语要具有幽默感，把普通的内容用风趣的形式传达；四是思想政治教育话语要具有技艺性，注重因时因地灵活地转变话语方式。

新时代思想政治教育话语的转换不是绝对的，而是相对的，要具体情况具体分析；同时，政治话语转向学理化、学理话语转向通俗化、通俗话语转向趣味化不是割裂的，而是相互渗透，可以同时并存的。只有做到具体、灵活、得当，新时代思想政治教育话语转换才能有效。

（四）创新教育方式

教育方式是指在一定的教育思想指导下形成的实现思想政治教育目标的表达形式。思想政治教育方式具有起到促进实现教育目标的作用。以往思想政治教育方式存在重视教育者的地位而忽视教育对象的主观能动性、重视"教学"而缺乏"育人"、重视理论而缺乏实践等问题，影响思想政治教育实效性的实现。新时代要不断推进创新教育方式，增强思想政治教育实效性。

1. 要促进思政"小课堂"与社会大课堂的融合。2019 年习近平在主持学校思政课教师座谈会上指出："要坚持理论性和实践性相统一，用科学理论培养人，重视思政课的实践性，把思政小课堂同社会大课堂结合起来，教育引导学生立鸿鹄志，做奋斗者。"[①] 2022 年 7 月教育部

---

① 习近平. 思政课是落实立德树人根本任务的关键课程 [J]. 奋斗，2020（17）：4-16.

等十部委联合印发《全面推进"大思政课"建设工作方案》，把"善用社会大课堂"作为全面推进"大思政课"建设的重要路径，并且做出明确部署。当前，推进思政小课堂与社会大课堂结合具备了时代发展的必然性。把思政小课堂与社会大课堂结合起来是思想政治教育改革创新的重要方式，是遵循理论与实践辩证统一的哲学原理、人类认识运动的基本规律的必然要求，有利于解决思政课中存在的"过度理论化"或者"去理论化"这两种对立倾向的问题。把思政小课堂与社会大课堂结合起来，要坚持思政小课堂改革，开展以实践为中心的课堂教学，将社会大堂课的内容融入思政小课堂的教学之中；要充分利用社会大课堂，开展具有理论基础和理论内涵的社会实践活动，让学生在社会实践中运用理论、检验理论，汲取理论伟力。把思政小课堂与社会大课堂结合起来不仅要创新形式，更要丰富内涵，形成提高思政课亲和力、吸引力、感染力的效应，要为实现立德树人的教学目标服务，引导学生立鸿鹄之志，做新时代的奋斗者。

2. 要重视运用设置议题的教育方式。议程设置是传播学的重要理论观点，其实质在于通过对议题信息重要性、显著性的设计和安排，以影响受众对议题信息的思想认知和价值判断。议程设置与思想政治教育具有高度的共通性和契合性，其对促进知识传播以及塑造教育对象的价值观，具有重要意义。新时代思想政治教育运用议题式教学，首先要增强教育者设置议题的意识和提升教育者设置议题的能力。这可以开展议题式教学专题培训班、议题式教学专题讲座、组织议题式教学大赛等。其次，要将时政热点融入议题式教学。议题式教学的相关背景材料要体现出国际国内形势与政策的热点问题。因为这不仅贴近教育对象的生活实际，而且能引起教育对象的注意，让他们主动参与，也能让教育者在议题式教学中根据需要合理选择。最后，议题式教学需要将国家课程地方化。思想政治教育要想创设一个好的"议题"，就要严格地筛选背景材料。在议题式教学中，教育者可以在国家课程的基础上，结合本地区、本学校、本单位的特点，编制思想政治教育的地方性课程内容，以服务于议题式教学的需要。

3. 要依托大数据平台创新思想政治教育方式。随着大数据时代的到来，思想政治教育环境发生了一些变化，新时代思想政治教育既有机遇又有挑战。新时代思想政治教育要认清大数据时代特点，与时俱进地推进教育方式的创新发展，始终保持思想政治教育的先进性和有效性，保障立德树人目标的实现。一是可以依托微信、微博、QQ 等网络社交工具，建立起学校、教育者与受教育者互动联系，依托网络社交工具上传分享思想政治教育课程资源、最新政策、社会热点新闻等，促使网络社交工具成为开展共享式的思想政治教育平台。二是可以采用 AR、VR等先进技术，虚拟现实情景，让学生融入虚拟现实情景中获得真实体验，增强思想政治教育的感染力；同时，可以借助微电影、短视频等资源开展体验式的思想政治教育，给予学生视觉、听觉、触觉等多种感官体验，引发学生产生情感共鸣。三是可以利用大数据平台对具体的教育对象进行"精准画像"，研究分析教育对象的行为特征、心态变化，形成科学的学情分析，把"精准思政"的教育理念落到实处。

四、基于教育管理的思想政治教育有效性实现策略

思想政治教育管理指的是"管理者在遵循思想政治教育规律的过程中，通过一定的规范与措施，协同思想政治教育活动和各种要素并进行有效配置，以实现思想政治教育目标的过程"。[①] 思想政治教育管理

---

① 郑永廷，刘书林，沈壮海 . 思想政治教育原理［M］. 北京：高等教育出版社，2016：343.

是实现思想政治教育有效性的重要途径。新时代促进思想政治教育有效性实现需要从教育管理的视阈探索方法策略。

（一）变革教育管理思维

恩格斯指出："一个民族想要站在科学的最高峰，就一刻也不能没有理论思维。"教育管理思维是指人们在认识教育管理的本质和规律的活动中而自发逐渐形成的有目的、有条理的一种对教育管理问题思考的路线、方法、规律。新时代思想政治教育发生了重大变革，因此思想政治教育管理思维也要随之不断变革。

1. 要重视以人为本管理思维。传统思想政治教育管理思维重视资源管理，例如，环境要素、场地要素、工具要素等，容易出现"见物不见人"的问题。思想政治教育的本质是做人的工作。思想政治教育管理思维要由重视"物"转向重视"人"。新时代思想政治教育管理要坚持以人为本的管理思维。一方面要充分尊重教育主体的主观能动性，规范、激励以及鼓舞他们有效地开展思想政治教育工作。另一方面要充分尊重教育对象，以满足教育客体成长成才为中心，通过教育引导激发教育对象加强思想政治教育学习的积极性和内在动力。

2. 要重视系统性管理思维。传统思想政治教育管理思维重视偏向于单一管理，主要从具体事项、具体问题出发，存在"头痛医头、脚痛医脚"的问题。唯物辩证法指出，事物是普遍联系的。恩格斯指出："关于自然界所有过程都处在一种系统联系中的认识，推动科学到处从个别部分和整体上去证明这种系统联系。"① 因此，新时代思想政治教育管理要坚持系统思维，把自身放在普遍联系的系统中进行把握，在系

---

① 中共中央马克思恩格斯列宁斯大林著作编译局. 马克思恩格斯选集：第3卷［M］. 北京：人民出版社，2012：412.

统与要素、要素与要素、结构与层次、系统与环境之间的相互联系和作用的动态中实现有效性。例如，对于新时代思想政治教育管理遇到的问题不仅要从教育者、教学对象找原因，而且更要从教育系统、社会系统的视角进行探析。

3. 要发挥大数据管理思维。在大数据应用无所不在的数据化时代，以大数据思维为导向，建构新时代思想政治教育管理。大多数管理思维具有以下方面的作用：一是有利于促进新时代思想政治教育管理的"碎片化"数据向全貌、相关性整合数据转向；二是有利于新时代思想政治教育用数据"说话"，促进教育理性管理思维；三是有利于新时代思想政治教育通过数据发现问题，加强管理的及时性；四是有利于新时代思想政治教育依据数据对管理信息进行整合，促进教育管理的科学决策。而要发挥大数据管理思维，需要新时代思想政治教育管理主体养成应用数据意识以及提升数据筛选、挖掘与分析的应用能力，从而实现以数据为基础进行决策与对策处理的目标。

4. 要重视创新性管理思维。创新性管理思维是对常规性思维的突破，是破除迷信，超越陈规，善于因时制宜、知难而进、开拓创新的体现。传统思想政治教育管理思维通常表现在价值观、思维方式、行为方式的单一性方面，具有明显的观念色彩。改革开放推动社会存在发生日新月异的变革，新时代思想政治教育管理只有适应社会存在的变化，才能达到必要有效性。因此新时代思想政治教育需要开发和运用创新性思维。习近平总书记指出："解决深层次矛盾和问题，根本出路在于创新。"① 重视新时代思想政治教育创新性管理思维需要加强实践研究，以实践导向思维创新；同时，要构建多样化、层次性、开放性的管理模

① 中共中央文献研究室．习近平关于科技创新论述摘编［M］．北京：中央文献出版社，2016：3．

式，为思维创新营造宽松包容的环境。

（二）完善教育管理体系

思想政治教育管理体系是指为达到思想政治教育目标而设置的一系列管理体制、管理制度、管理机制、管理模式等的总称。新时代思想政治教育有效性实现有必要完善以管理体制、管理制度、管理机制、管理模式等为中心的教育管理体系。

1. 完善管理体制。新时代思想政治教育要进一步对各类管理者的组织机构、权责归属以及合作方式等进行制度性安排。具体办法：一是相关单位要突出党委作用，党委根据本单位的现实情况，进行统一规划、统一领导；二是相关单位特别是学校，需要设立专门的思想政治教育管理机构，加强新时代思想政治教育的统一领导与管理；三是各相关部门要在思想政治教育管理机构的领导下活动，协助做好各种内容和各种形式的思想政治教育活动；四是各部门开展工作时要体现多管齐下、密切合作、互相监督、优势互补的体制合作原则。

2. 完善管理制度。制度是确保实践在正确方向前进以及取得良好实效性的关键因素。新时代思想政治教育有效性的实现，脱离不开与其相对应的健全完善的规章制度作为支撑。新时代建立完善思想政治教育管理制度应该从四方面入手。一是形成集体学习和形势政策教育制度，引导人们加入对党的理论学习、国家发展重大方针政策学习以及国家形势变化学习等。二是党团组织活动和民主生活制度，组织团员、党员加强马克思主义基本原理、马克思主义中国化理论成果学习，引导团员、党员增强党性，提高思想觉悟。三是加强教育对象自我管理制度建设。思想政治教育有效性的实现关键在于教育对象的自主性与自觉性的学习。一方面要通过他律督促教育对象加强自我管理；另一方面要通过鼓励，激发教育对象加强自我管理的内在驱动力。

3. 健全监督评价机制。监督评价关系到思想政治教育管理的质量和效率，是实现有效性必不可少的条件。新时代思想政治教育健全监督评价的管理机制包括两个内涵。一是要健全教育主体的监督评价机制。要以促进教育主体职业持续发展为目标，重视过程性评价与结果性评价的结合，品质性评价与能力性评价相结合，激发思想政治教育主体"乐教""善教"的主观能动性。二是要健全教育对象的监督评价机制。要把定量与定性有机地结合起来，实现不定期考核与定期考核的综合应用，实现学生自评与学生互评的结合，尽最大可能让考核评价工作做到真实客观，进而以监督评价促进教育对象思想政治素质、道德素质、法治素质等的提高。

4. 改进管理模式。传统思想政治教育管理模式具有灌输性、权威性等方面的特征，偏重突出教学主体的主导地位，弱化了教学对象的中心地位。传统管理模式制约思想政治教育有效性的实现。新时代思想政治教育管理模式要摒弃灌输性的管理模式，构建启发性的管理模式，激发教育对象的学习潜能，发挥教育对象的主观能动性。同时，新时代思想政治教育管理模式要弱化权威力量，构建民主式的管理模式，让师生在尊重、平等、合作的和谐关系中实现思想政治教育的有效性。

第六章　时代论域：新时代思想政治教育有效性实现变革

习近平总书记指出："创新是一个民族进步的灵魂，是一个国家兴旺发达的不竭动力，也是中华民族最深沉的民族禀赋。在激烈的国际竞争中，惟创新者进，惟创新者强，惟创新者胜。"① "要向创新要动力，向改革要活力。"② 时代在迅猛发展，社会存在不断变化和发展，社会意识也在不断地更新与演变，思想政治教育只有紧跟新时代变革的步伐，不断进行改革创新才能实现有效性。

一、新时代思想政治教育的改革创新

思想政治教育是改造人的主观世界的重大工程，是凝心铸魂的重要工作。长期以来，党中央高度重视加强思想政治教育建设。新时代要加强思想政治教育建设，就要坚持改革创新，树立鲜明的目标导向、问题导向、效果导向，坚持理论联系实际，运用先进方法和手段，做到以理服人、以文化人、以德立人。

---

① 习近平. 习近平谈治国理政：第 1 卷 [M]. 北京：外文出版社，2014：59.
② 习近平. 中国发展新起点全球增长新蓝图——在二十国集团工商峰会开幕式上的主旨演讲 [J]. 中国经济周刊，2016 (36)：30-35，147.

（一）新时代思想政治教育改革创新的依据

时代是思想之母，实践是理论之源。新时代思想政治教育改革创新具有必然性，它具有重要的理论依据和实践依据。

1. 理论依据。理论对实践具有重要的指导作用。新时代思想政治教育改革创新以科学的理论为向导。

一是以马克思主义关于发展的观点为依据。马克思主义强调事物的变化发展，指出："世界不是既成事物的集合体，而是过程的集合体，其中各个似乎稳定的事物同它们在我们头脑中的思想映象即概念一样都处在生成和灭亡的不断变化，在这种变化中，尽管有种种表面的偶然性，尽管有种种暂时倒退，前进的发展终究会实现。"① 世界变化发展是常态，任何事物都要以追求向前发展为目标。在新陈代谢发展过程中，新事物最终是不可战胜的。新时代思想政治教育以促进中华民族伟大复兴为重要任务，必须以马克思主义关于发展的观点为依据，始终坚持改革创新发展理念。

二是习近平总书记关于教育改革创新思想。坚持深化教育改革创新，是对中国共产党领导教育事业发展成功实践的科学总结，也是马克思主义基本原理同新时代教育事业的实际发展相结合的科学指引。党的十八大以来，习近平总书记坚持把教育摆在优先发展的战略位置，坚持深化教育改革创新。坚持教育改革创新是推进教育事业发展的必由之路，是培育担当民族复兴大任时代新人的关键。坚持教育改革创新涉及方方面面的内容，其中必然包括思想政治教育改革创新方面。在 2019 年 3 月 18 日的学校思想政治理论课教师座谈会上，习近平总书记指出：

---

① 中共中央马克思恩格斯列宁斯大林著作编译局. 马克思恩格斯选集：第 4 卷［M］. 北京：人民出版社，2012：250.

"推动思想政治理论课改革创新，要不断增强思政课的思想性、理论性和亲和力、针对性。"① 所以，习近平总书记关于教育改革创新思想赋予新时代思想政治教育改革创新理论动力。

三是西方创新理论。创新的概念来源于经济学，其作为理论范畴是由美籍奥地利经济学家约瑟夫·阿罗斯·熊彼特（Joseph Alois Schumpeter）首先在 1912 年德文版《经济发展理论》一书中使用的。熊彼特的创新理论主要包括四方面的核心内容：创新是经济发展的根本现象；企业家的意志和行为是创新活动的灵魂；经济周期是经济阶段发展的必然结果；

四是创新具有突破性、历史性、普遍性、实践性的特征。尽管熊彼特创新理论是基于经济发展角度而提出来的，但是它突出了创新的价值，反映了创新的一般规律，对社会各领域的创新具有启示作用。新时代思想政治教育具有开放包容精神，在一定程度上吸收西方创新理论的养分，不断推动自身改革创新。

2. 实践依据。恩格斯曾说过："社会一旦有技术上的需要，这种需要就会比十所大学更能把科学推向前进。"② 实践是改革创新的动力。

一是新时代中国特色社会主义实践伟大变革要求思想政治教育要改革创新。党的十八大以来，中国特色社会主义更好地发挥中国共产党的领导优势，做出科学部署，推动构建了高质量发展的新格局，全面发展全过程民主，明显增强文化自信，打赢脱贫攻坚战，全面建成了小康社会，着力构建美丽中国，取得了举世瞩目的成就。伟大变革既为思想政

---

① 习近平. 思政课是落实立德树人根本任务的关键课程 [J]. 奋斗，2020（17）：4-16.

② 中共中央马克思恩格斯列宁斯大林著作编译局. 马克思恩格斯选集：第 4 卷 [M]. 北京：人民出版社，2012：648.

治教育提供了更多的力量支撑，同时也对思想政治教育提出了更多要求，思想政治教育改革创新具备了良好的推动力量。

二是新时代面临的复杂形势要求思想政治教育改革创新。从国内看，发展不平衡不充分问题仍然突出，社会仍然存在重大问题的风险；意识形态仍然存在不少挑战，马克思主义主流意识形态长期受到历史虚无主义、"普世价值"等错误社会思潮冲击；党内仍然存在一定的不正之风，形式主义、官僚主义现象仍然存在，腐败问题仍然未得到根治等近况。这必然需要加强思想政治教育改革创新，助力解决社会难题特别是文化精神方面的难题。从国际上看，世界反全球化力量在增强，西方大国依然奉行单边主义、强权政治的政策；同时，西方发达资本主义国家对社会主义中国意识形态的渗透从来没有停止过，遏制中华民族伟大复兴的行径也越加激烈。抵御国际不友好甚至是敌对力量的冲击，巩固国家政权安全，需要加强思想政治教育。这就为思想政治教育改革创新提出了重要要求。

三是国家全面深化改革总体要求促进新时代思想政治教育要改革创新。党的十八届三中全会提出全面深化改革的战略目标，制定了《中共中央关于全面深化改革若干重大问题的决定》，其中指出"改革开放是党在新时代条件下带领全国各族人民进行的新的伟大革命，必须在新的历史起点上全面深化改革。"全面深化改革涉及方方面面，而深化教育领域综合改革是必然要求。在这种背景下，新时代思想政治教育改革创新是国家全面深化改革总体要求的应有之义。

四是新时代思想政治教育自身存在的实践问题需要通过改革创新来解决。思想政治教育是关系党前途命运的重要工作。尽管在党和国家引领下，全社会普遍重视思想政治教育建设，但是矛盾具有普遍性，新时代思想政治教育自身也存在一定的实践问题。从内容上看，比较严肃、抽象化和理论化，与教育对象日常生活存在一定的差距；从教育理念上看，仍然是以灌输为主，显性教育为主，启发性、隐性教育的理念仍然有待加强；从教育工具手段上看，仍然以传统教育手段为主，粉笔、黑板、教材、PPT 依然是主要工具，大数据、人工智能应用不足；从教育效果来看，学生仍然存在以追求"学分"为目的，思想政治教育育人功能仍然有待加强。这些问题给新时代思想政治教育发展带来了重大挑战，需要以改革创新的方法应对。

（二）新时代思想政治教育改革创新的方向

新时代思想政治教育改革创新需要有方向引领，才能确保取得应有成效。新时代思想政治教育改革创新方向是多维度的，需要系统考虑，推进协同增效。

1. 新时代思想政治教育改革创新的政治方向。"政治性是思想政治教育的本质属性。一旦撇开政治性，思想政治教育就丧失其本质属性，也就意味着其价值张力便会削弱乃至丧失。"[1] 新时代思想政治教育改革创新必须坚持政治方向不动摇。一是阶级的政治方向不动摇，坚持为无产阶级和广大人民群众服务；二是思想的政治方向不动摇，旗帜鲜明地以马克思主义为指导思想，坚持和巩固马克思主义在意识形态领域的指导地位；三是领导力量的政治方向不动摇，毫不动摇地坚持党的领导，发挥党的理论优势，发扬党的优良作用；四是发展道路的政治方向不动摇，以科学社会主义为引领，坚持发展中国特色社会主义事业，坚定中国特色社会主义"四个自信"，将中国特色社会主义道路越走越宽。

---

① 项敬尧. 论坚定思想政治教育政治性的三重向度 [J]. 教学与研究，2019（2）：88-96.

2. 新时代思想政治教育改革创新的价值方向。价值导向行动，思想政治教育具有创造价值、实现价值的目标追求。新时代思想政治教育改革创新要坚定正确的价值方向。一是要坚定国家价值，加强维护国家长治久安功能，为培养社会主义建设者和接班人服务，为实现中华民族伟大复兴的中国梦提供力量支撑；二是要坚定民族价值，为促进民族团结统一服务，助力筑牢中华民族共同体意识；三是要坚定社会价值，促进人们思想道德观念现代化，提高社会文明程度，促进社会和谐；四是要坚定个人价值，帮助个人形成正确政治观，树立远大理想，实现人生价值与社会价值的有机统一。

3. 新时代思想政治教育改革创新的方式方法方向。方式方法是实现既定目标的桥梁和纽带。新时代思想政治教育改革创新要坚持"情趣交融""虚实结合"的正确方式方法方向。一是要考虑受教育者的情感需求，加强教育方式方法的日常生活化，善于利用与教育对象亲近的教育内容，重视运用隐性、启发性的教育方式方法。二是要照顾受教育者的趣味追求，通过运用喜闻乐见的方式方法，改变单调枯燥的理论讲授的方式方法。三是要发挥互联网的赋能作用，利用"互联网+"的方式方法改善教育环境、创新教育内容以及创新教育话语体系。四是要遵循理论与实践相统一的方式方法，开展各种思想政治教育理论与实践活动，促进受教育者在"学中做，做中学"。

4. 新时代思想政治教育改革创新的技术方向。新时代思想政治教育改革创新要加强运用人工智能技术，促进思政智能化发展。习近平总书记指出："要运用新媒体新技术使工作活起来，推动思想政治工作传统优势同信息技术高度融合，增强时代感和吸引力。"[①]一是思想政治教

---

① 习近平在全国高校思想政治工作会议上强调把思想政治工作贯穿教育教学全过程开创我国高等教育事业发展新局面［N］. 人民日报，2016-12-09（01）.

育者利用人工智能技术强大的监测、识别、预警和数据处理功能，对思想政治教育对象的学情信息进行了解和掌握，为满足教育者数据的精细化供给提供技术支撑。二是思想政治教育者通过人工智能技术对思想政治教育内部诸要素的分析、思考、判断，揭示思想并确定教育行为过程的规律，从而形成科学决策。三是思想政治教育者借助智能技术、大数据技术对教育对象进行全方位、动态性辨识、诊断和跟踪，对每个教育对象形成个性化认知，开展精准教育的实践行动。四是思想政治教育主体根据大数据建构的评价体系，对教育活动结果进行全景式的监测、评判，客观、真实、准确地反映思想政治教育效果。

（三）新时代思想政治教育改革创新的意义

教育是民族振兴和社会进步的基石，事关国家未来。教育强，则国家强。新时代加强思想政治教育改革创新有利于我国建设成为教育强国，对教育强国的建设有一定的重要意义。

1. 有利于适应时代发展。思想政治教育属于上层建筑范畴，需要不断适应以经济基础为中心的社会存在变化。新时代中国发生了巨大社会变革，生产力由全面落后转变为不平衡、不充分发展，生产关系进一步完善，人民对美好生活的需要日益增强。在时代变化的背景下，思想政治教育不能原地踏步，只有勇于改革创新才能适应时代发展。新时代思想政治教育改革创新意味着以新时代理论与实践发展为导向，加强自身调整，更好地为国家发展服务，更有利于适应时代发展。

2. 促进国家落实立德树人根本任务。党的二十大报告指出："培养什么人、怎样培养人、为谁培养人是教育的根本问题。育人的根本在于立德。"① 我国教育的根本任务是立德树人，各项教育实践工作都要围绕立德树人根本任务而展开。思想政治教育是立德树人的重要途径。新时代思想政治改革创新，意味着推动思想政治教育理念、教育内容、教育方式、教育手段进步，有利于落实立德树人的根本任务。

3. 促进新时代思想政治教育提质增效。思想教育是党和国家长期坚持开展并且高度重视的教育工作。一直以来，思想政治教育取得了重要成果，为培养社会主义建设者和接班人提供了重要保障。但是，事物处于变化发展之中，新时代思想政治教育仍然面临不少问题，存在很大提升空间。新时代思想政治教育改革创新意味着思想政治教育要改进存在的问题，增强思想政治教育亲和力、吸引力、针对性，有利于思想政治教育提质增效目标的实现。

二、文化育人与新时代思想政治教育改革创新

文化育人是中华民族长期发展形成的优良历史传统。习近平总书记指出："文化即'人化'，文化事业即养人心志、育人情操的事业。"②新时代文化育人的地位更为突出，是坚定中国特色社会主义文化自信的关键所在，是培养社会主义建设者和接班人的重要方法。新时代要以文化育人为导向，加强思想政治教育改革创新。

（一）文化育人概述

《易经》讲道："刚柔交错，天文也；文明以止，人文也。观乎天文，以察时变；观乎人文，以化成天下。"学术界认为这是我国最早关

---

① 习近平. 高举中国特色社会主义伟大旗帜 为全面建设社会主义现代化国家而团结奋斗——在中国共产党第二十次全国代表大会上的报告 ［M］. 北京：人民出版社，2022：34.
② 习近平. 文化育和谐 ［J］. 之江新语，2007（8）：137.

于文化育人思想的表述。它蕴含的核心思想是：文化就是用人文去化成天下，文化的目的就是培养和教育人。文化是人类在社会环境和生产实践中创造的智慧成果和结晶，在社会发展和人的发展方面体现出显著的功能性。其中，文化的基本功能是塑造人或教化人。总体而言，文化功能实现的过程，就是文化育人。"文化育人本义是以文化培育人、涵养人，育人是文化的本体功能，人类文明为育人而诞生，也因育人得以传承。"①

文化育人包含三个基本问题。一是为什么要文化育人？这需要对文化价值特别是对人发展价值的挖掘，认清文化在人的价值观理念和信仰方面具有教化人、塑造人的作用。二是以什么"文化载体"来育人？文化形式各种各样，文化育人要确定以何种文化作为载体更能起到良好育人的效果。三是如何做到文化育人？这就是文化育人方式方法的问题，通过怎样的方式方法更能起到文化育人的作用。要实现文化育人需要围绕这三个问题而展开讨论。

文化育人意义重大。"'以文化人'之所以迫切、必要，是由于文化力量的彰显。"② 纵观全球形势新发展，文化的作用显著提升，成为影响国际竞争的软实力，成为增强民族团结的"粘合剂"，成为时代发展的重大动力源，成为个体生存和发展的精神支柱。习近平指出，对一个国家、一个民族而言，文化处于灵魂地位，"坚定文化自信，是事关国运兴衰、事关文化安全、事关民族精神独立性的大问题③"。通过文化育人让广大青少年接受文化教育、文化滋养、文化感染、文化熏陶，

---

① 王永友，董承婷. 高校文化育人质量的出场语境：概念、要素及评价 [J]. 思想政治教育研究，2021（1）：129-136.
② 李辉. "以文化人"的价值论思考 [J]. 思想教育研究，2015（11）：22-23+39.
③ 习近平. 习近平谈治国理政：第2卷 [M]. 北京：外文出版社，2017：349，332.

对传承和发展民族文化、坚定文化自信、增强文化软实力都具有重要价值，这也成为文化育人的重要动力。

（二）文化育人促进新时代思想政治教育改革创新机理

以文化育人促进新时代思想政治教育改革创新的重要原因是优秀文化资源与思想政治教育具有显著的价值耦合性，两者的融合能起到相得益彰的效果。这不仅使新时代思想政治教育可以获得深厚的文化力量，推动实现有效性；同时使优秀文化资源能被教育对象更多地认识、认同，获得更大的传承和发展空间。

1. 利用文化的亲和力，提升思想政治教育的效果。文化的亲和力是指文化具有使人乐于亲近、乐于接触、乐于接受的力量。列宁讲过："思想一旦掌握群众，就变成力量。"① 文化育人能够彰显思想政治教育的亲和力。这主要表现在以下几方面：一是使思想政治教育亲近教育对象的学习生活文化环境。文化蕴含在生活之中，教育对象身边处处都是文化。思想政治教育与教育对象熟悉的文化相结合，将拉近思想政治教育与教育对象的距离。二是使思想政治教育亲近教育对象的精神需求。人不仅要有物质需要，更要有精神需要，而文化是满足人精神需要的重要方面。思想政治教育与教育对象文化需求相结合，将增强教育对象对思想政治教育的认同感。三是使思想政治教育与教育对象人生发展相结合。文化资源蕴含爱国主义教育、道德教育、审美教育、劳动教育、人文素质教育、通识教育等内容，能为教育对象德智体美劳全面发展提供重要支撑。思想政治教育与教育对象文化需求相结合，将提高教育对象对思想政治教育功能的认可度。

---

① 中共中央马克思恩格斯列宁斯大林著作编译局. 列宁全集：第 32 卷 [M]. 北京：人民出版社，1986：324.

2. 利用文化的独特性，增强思想政治教育的针对性。列宁曾对教育的针对性进行探讨，指出："对马车夫讲话应该不同于对水手讲话，对水手讲话应该不同于对排字工人讲话。"① 邓小平强调，教育"一定要联系实际"②"要按照差异区别对待"③。新时代思想政治教育改革创新要具有针对性，即要以教育对象为中心，各个教育要素与教育对象的特点、教育对象的需要具有适合性和匹配性。我国文化是中华民族发展形成的独特资源，选择合适文化载体来培育人才，是思想政治教育"有的放矢""因材施教"的体现，是在教育内容、教育话语等针对教育对象特点、教育对象需要进行"供给侧"教育改革的重要反映，凸显教育针对性的价值和意义。

3. 利用文化的多样性，探索思想政治教育形式的多样性。在悠久的历史长河中，中华民族凭借实践智慧创造了丰富的文化资源。依据文化结构理论，文化可划分为三种形态：第一是物质形态的文化，第二是制度形态的文化，第三是精神形态的文化。习近平指出："国家统一编定的思政课教材给出的是教学的基本结论和简要论述，而要让不同类型的学生都爱听爱学、听懂学会思政课的教学内容，还需要开展更多富有创造性的工作。"④ 利用丰富的文化资源具有探索思想政治教育形式多样性的意义。具体而言，物质形态的文化具有创新思想政治教育实践教学形式的意义；制度形态的文化具有丰富思想政治教育道德规范和法律规范等教学内容的意义；精神形态的文化具有发展思想政治教育关于人

① 中共中央马克思恩格斯列宁斯大林著作编译局. 列宁全集：第 4 卷 [M]. 北京：人民出版社，1984：236.
② 邓小平. 邓小平文选：第 3 卷 [M]. 北京：人民出版社，1993：144.
③ 邓小平. 邓小平文选：第 2 卷 [M]. 北京：人民出版社，1994：106.
④ 习近平. 思政课是落实立德树人根本任务的关键课程 [J]. 当代广西，2020（17）：4-7.

生观、理想信念、中国精神等教育内容的意义。

4. 发挥文化的价值性，激发教育对象的文化自信。新时代思想政治教育肩负着激发教育对象文化自信的重要任务。而文化的多元价值，是坚定文化自信的根本。一是历史价值。文化蕴含历史传统的内容，它有利于人们了解中华民族的发展轨迹，了解中华民族在特定历史时期的生产力水平、生产方式以及道德习俗、思想禁忌。二是精神价值。文化的内核是其蕴含的精神价值对人价值观念的影响。文化蕴含丰富的精神养分，对人的精神发展具有重要意义。三是增强国家文化软实力价值。国家文化软实力是国家综合实力的重要组成部分，我国文化底蕴深厚、形式丰富、品质优秀，对世界其他民族和国家都会产生吸引力和感染力。除此之外，文化还蕴含经济价值、科学价值、审美价值、教育价值等。文化育人使教育对象充分认知文化价值，有利于新时代思想政治教育坚定广大人民群众文化自信的目标。

（三）文化育人促进新时代思想政治教育改革创新路径

马克思指出："哲学家们只是用不同的方式解释世界，而问题在于改变世界。"[1] 以文化育人促进新时代思想政治教育改革创新选择合适的实践路径，实现从应然性价值走向实然性效果的目标。而实践路径最核心的方法是将一定的文化资源融入新时代思想政治教育。

1. 模块化融入，整合教育资源。一定的文化资源与思想政治教育内容具有不同属性，两者的有机融合必然需要经过内容分解、建立联系、重新整合的过程才能有效地达成。因此，模块化教学将一定的文化资源融入新时代思想政治教育，开展文化育人的必要路径。具体可以整

---

[1] 中共中央马克思恩格斯列宁斯大林著作编译局. 马克思恩格斯选集：第 1 卷 ［M］. 北京：人民出版社，2012：136.

合为四个教学模块。一是将文化资源蕴含的关于人生观、理想信念、爱国主义等内容与新时代思想政治教育的内容相融合，形成人生哲理与思想教育内容模块。二是将儒家、道家、墨家等的道德思想与新时代思想政治教育的道德教育相融合，形成道德教育内容模块。三是将文化资源蕴含的关于规范内容、法律内容与新时代思想政治教育法治教育相融合，形成法治教育内容模块。四是将文化资源蕴含的历史元素与中华民族发展、社会主义发展相结合，形成民族史、国史、党史教育内容模块。

2. 议题式融入，聚焦教育重点、难点。一定文化资源融入新时代思想政治教育要运用好设置议题的教育方法。首先，设置的议题要指向教育目标，即培养新时代担当民族复兴大任的时代新人。设置的议题要以教育对象的知识背景为立足点，以培养教育对象的理想信念、过硬本领和担当精神为价值皈依。例如，对于具有水利专业背景知识的教育对象，适合以水文化的传承与发展作为切入点，设置议题。其次，设置的议题要结合重要文化理论、重大文化历史事件、现实热点文化现象，引发教育对象对文化理论与实践的关注与共鸣。例如，新时代人们生活受一定的网络文化影响，以网络文化的热点问题作为切入点是重要选择。最后，设置的议题要体现出思辨探究性，促进教育对象在自主辨析、自主判断的过程中实现正确价值理念的内化。例如，设置"躺平文化的兴起——是个人的选择还是社会的必然?"，引导教育对象正确分析"躺平文化"的本质，引导教育对象树立正确的人生观。

3. 实践式融入，丰富教育形式。一定文化资源融入新时代思想政治教育需要利用好实践教学形式。一定文化资源作为新时代思想政治教育实践教育的重要载体，有效地实现立德树人的目的。一是组织开展特定文化主题的教育实践活动，让教育对象以演讲、绘画、摄影、视频等形式展现特定文化资源蕴含的道德力量、精神力量。二是组织开展文化传承和发展状况的实践调研活动，例如，开展中华民族孝文化传承和发展调研、非物质文化遗产保护状况调研等。三是组织开展红色文化、传统文化等研学活动，增强教育对象红色文化和传统文化等文化形态的了解，促进教育对象在"学、思、悟、行"中提升文化自信。

4. 虚拟化融入，创新教育手段。虚拟化教学是一定文化资源融入新时代思想政治教育的手段创新，具体应用思路如下：一是开发优秀文化资源与新时代思想政治教育内容相融合的各种游戏程序。这些游戏程序既要蕴含文化资源的知识性，又要体现出新时代思想政治教育的思想性和价值性的引领作用，还要具有游戏的娱乐性、趣味性、挑战性。二是开发优秀文化资源与新时代思想政治教育资源相融合的虚拟视频、虚拟音频、虚拟文本信息，这些虚拟资源有利于增强教育对象对优秀文化资源的理解以及实现新时代思想政治教育的精神价值"内化于心"；三是打造以优秀文化资源为主题的新时代思想政治教育虚拟实践仿真平台，即根据两者相互融合的内容，构建拥有各种虚拟真实环境或情境的平台。教育对象进入平台学习能具有置身其中的真切感知，从而增强他们对中华民族优秀传统文化的了解，拓宽教育对象的学习空间以及开阔他们的视野眼界，增强他们的民族自信心和自豪感。

三、碎片化学习与新时代思想政治教育的改革创新

"互联网+"时代催生碎片化学习。碎片化学习是"互联网+"推动学习环境及学习工具发生深刻变革的必然结果，是现实中不可回避的新型学习方式，是未来教育不断加强的趋势。碎片化学习给新时代思想政治教育有效性实现带来机遇与挑战，是推动改革创新的重要引擎。

（一）碎片化学习概述

"碎片化"指的是一个完整的东西被分成了许多零块。"碎片化学习"指的是学习者在特定情境中根据自我学习需求，利用多样化学习载体、零散时间、间断形式和分布式空间，学习零碎知识内容的学习方式。

学术界对"碎片化学习"的研究经历了一个演变发展过程。在早期，学者关于碎片化学习研究主要是指个体学习与组织学习之间的连接和转换，强调利用碎片化知识进行个体学习或组织学习。随着"互联网+"时代发展，学习媒体类型和资源内容以及学习者学习模式和交互方式等发生了深刻变革，学术界对碎片化学习的内涵以及重点不断深化和拓展。当前碎片化学习不仅关注知识内容碎片化、微型化和泛在化，而且重视学习时空泛在化、学习媒体多元化、学习思维碎片化。这表明当前学术界对碎片化学习的研究不仅关注学习者外显学习行为的碎片化，同时关注内显学习思维的碎片化。

碎片化学习具备一定的理论基础。一是建构主义理论。建构主义理论的核心观点是，学习不仅是知识获取的过程，而且同时是建构认知的过程。建构主义理论表明碎片化学习依赖于学习者的自觉性，需要学习者主动寻找学习材料和掌握学习节奏；碎片化学习活动具有互动性，学习者在寻找材料和运用材料时与环境及他人之间的互动；碎片化学习高度依赖社会情境，学习者的学习兴趣和需求与环境的激发密切相关。二是关联主义理论。关联主义理论的核心观点是指在各种知识实体之间建立网络的过程，而在学习过程中掌握获取知识的源头和途径比获取知识本身更为重要。关联主义理论表明，学习者具备识别、筛选和分类有价值知识的能力是进行碎片化学习的能力条件；而学习者在碎片化学习过程中只要理解了知识节点之间的逻辑联系就有利于建立起知识网络，改善个人的知识体系。三是非正式学习理论。"非正式学习是学习者在非正式的时间和地点进行的，通过非正式的学习方式来获取知识，由学习者自我发起、自我调控的学习。"① 非正式学习理论表明，碎片化学习具有自主性、社会性和多样性特征，要充分调动学习者自我管理的能力。

（二）碎片化学习与新时代思想政治教育改革创新关系

碎片化学习已经成为人们认知的重要方式。而碎片化学习具有显著优点，同时也存在需要克服的不足。为了扬长避短，更好地达成有效性，新时代思想政治教育必然需要改革创新。

1. 利用碎片化学习优势，需要推动新时代思想政治教育改革创新。碎片化学习的自主性、多样性、便捷性，能有效适应新时代人们的求知需求，为传统思想政治教育实践的转换带来新机遇。一是为新时代思想政治教育提供新的媒介。"微信""微博""今日头条""知乎"等新媒体已成为人们碎片化学习的重要平台。这些平台具有开放性、自主性、互动性，有利于发挥教育对象的主观能动性。新时代思想政治教育运用这些媒介平台，有利于教育对象从传统强迫性、灌输性的被动教育形式，转化成选择性、启发性的主动教育形式来获取知识，提高教育对象的非正式学习能力。二是提升新时代思想政治教育的时效性。当前碎片化学习是以知识快速更新、知识即时传递、信息快捷传播、信息海量存在作为支撑。这有利于打破传统思想政治教育主要依赖于教材单一和滞后的状态。碎片化学习为推动新时代思想政治教育内容的与时俱进以及

---

① 余胜泉，毛芳. 非正式学习——E-Learning 研究与实践的新领域 [J]. 电化教育研究，2005（10）：19-24.

不断创新创造了良好条件。三是创新新时代思想政治教育形式。传统思想政治教育形式主要以讲授为中心。碎片化学习材料具有多样化，包括文字、短视频、图片、动画等形式。新时代思想政治教育利用碎片化学习材料，有利于丰富以及创新教育形式。

2. 为克服碎片化学习问题，需要推动新时代思想政治教育改革创新。碎片化学习对新时代思想政治教育带来了不小冲击。一是教育对象获取资源能力不足，使用的资源平台不够专业权威，学习资源数据库使用率比较低，并且不少教育对象缺少主动搜寻满足自身需要的学习资源的积极性，而是依靠各种推送来获取资源。二是教育对象通过新媒体设备进行碎片化学习，往往缺乏足够的耐心，追求快速，难以静下心有效地吸引有益知识。特别是针对思想政治教育学科，不少教育对象兴趣不足，比较难做到主动接触、耐心学习。三是学习内容难以做到有效控制，既可能包含有益内容，也会混杂不少有害内容，辨别真假美丑的难度增大。四是教育实效性会被弱化。"灌输"是思想政治教育可靠的手段之一。习近平总书记就强调思政课教学要坚持"灌输性与启发性相统一"。然而，碎片化学习弱化了思想政治教育的灌输性，会导致对教育对象引导能力下降的结果。五是当前碎片化学习主要依赖于新媒介，人机交互性强。这会导致新时代思想政治教育对象与教师、其他学习者交流变少的不良后果。六是碎片化学习是以发散模式进行知识传播的，知识和知识并没有固定纽带链接，同时教育对象对于知识的选择也存在一定的随意性。这会导致新时代思想政治教育内容的系统性受到冲击，教育内容变得零散与杂乱。

（三）碎片化学习背景下新时代思想政治教育改革创新路径

基于碎片化学习产生的机遇与挑战，为了实现碎片化学习的有效性，新时代思想政治教育要制定合适的改革创新路径。

1. 以加强平台建设为基础。当前人们的认知方式已发生了重大变化，更加习惯于通过碎片化学习来获取知识。新形势下要加快构建新时代思想政治教育网络平台，适应教育对象的碎片化学习。一是要加强思想政治教育网站建设，打造内容丰富的思想政治教育网络学习资源库。同时，教育对象可以随时随地进入相关网站平台获取学习资源。二是建设微博平台和微信公众号，把这两大平台打造成思想政治教育碎片化学习的领地，及时向教育对象推送权威的思想政治教育内容，搭建起教育者和教育对象相互思想交流、问题反馈的新桥梁。三是营造风清气正的网络空间。碎片化学习的空间具有随意性，所以整个网络空间健康积极阳光尤其重要。新时代要加强网络空间的治理，打击网络空间违法违纪、违反公序良俗等不良现象，肃清网络空间以造谣、传谣等博取眼球、博取流量的乱象，弘扬社会正能量。

2. 以提升学生自我学习能力为根本。提高碎片化学习背景下新时代思想政治教育的有效性，关键环节在于提升教育对象的学习能力。一是提升碎片化学习资源获取能力。为了有效开展碎片化学习，必须要有丰富的学习资源作为支持。教育对象要掌握网络搜索学习资源的有效方法，善于利用中国知网、万方、中国 MOOC 平台等网络数据库，善于辨别各类网络资源的真假、优劣，积极运用相关资源解决实际问题。二是提升碎片化学习管控能力。碎片化学习以自主性为重要特征，这对于受教育者的学习管控能力提出了较高的要求。教育对象要形成一定的学习计划和目标，督促自己坚持完成学习计划和学习目标；要提升时间管理能力，对碎片化时间进行合理安排，避免将碎片化时间浪费，最大限度地发挥碎片化时间的学习作用；要加强自我约束能力，把有限的碎片化时间用于学习，避免分散精力，并且能持之以恒地开展碎片化学习。

三是提升碎片化学习交流、合作的能力。虽然碎片化学习以自主性为重要特征，但是这并不是说不要学习交流、合作。实质上，无论何种学习方式，交流、合作都是至关重要的。教育对象应该积极利用微信、邮件、论坛答疑等方式参与碎片化学习的交流互动，通过与教师、其他学习者的交互，分享、交流经验，活跃学习思维以及提高解决实际问题的能力。

3. 以教育者的积极引导为关键条件。由于受教育对象在自控能力方面存在一定的不足，同时对思想政治教育学习主动性不强，这就需要教育者引导，保障碎片化学习有效开展。一是教育者要传授教育对象有效获取学习资源的方法，培养教育对象辨别网络学习资源优劣的能力，引导教育对象有效利用网络课程和教学科研平台，提高教学、科研资源使用率；二是教育者要引导教育对象加强时间管理，引导教育对象做好学习时间的计划，并且引导教育对象制定相关的碎片化学习计划；三是教育者要引导教育对象加强系统、权威内容的学习，及时向教育对象推送必要的学习内容，并且引导教育对象抵制不良内容；四是教育者要向教育对象传播反思方法，引导教育对象养成学习反思的习惯，及时反思和评价学习效果，并且及时改进存在的问题。

四、大数据技术与新时代思想政治教育改革创新

随着科学技术不断进步，大数据技术受到了广泛应用，人们正置身于大数据技术时代。习近平总书记指出，"要用好大数据，增强利用数据推进各项工作的本领，不断提高对大数据发展规律的把握能力，使大数据在各项工作中发挥更大作用"①。大数据技术具有赋能新时代思想

---

① 习近平在中共中央政治局第二次集体学习时强调审时度势精心谋划超前布局力争主动 实施国家大数据战略加快建设数字中国 [J]. 实践（思想理论版），2017（12）：7.

政治教育改革创新的功能作用，有利于提升有效性。

（一）大数据技术概述

大数据技术是基于云计算和互联网而生成的技术概念体系。一方面，以云计算技术为基础，数据处理的宽度不断延伸；另一方面，以互联网为基础，数据储存的空间不断拓展。大数据技术的本质在于数据，给人们带来海量数据。

大数据技术以强大技术力量的方法处理数据，表现出更强大的分辨率、决断力和流程优化能力，全面提升信息资料的增长空间、获取速度以及多样性渠道。同时，以海量样本代替随机样本、小样本，以相关关系代替因果关系，明显提升了关于对象的分析预测能力。大数据技术更深层次意义在于影响人的价值观以及思维方法。"大数据是一种技术，也是一种价值观、方法论"①。人们在运用大数据技术的过程中，构建起了"数字化"的网络生活、学习、工作等平台，大数据技术所产生的高效性、科学性、精准性、协同性等特征促进人们思维方式和认知模式的变革，日渐形成了突破传统的"万物皆可联""万物皆可数"与"数皆有价值"等新观念，并且通过多样的实践活动将全新的观念应用于农业、商业、医疗、政府治理、环境保护、教育等领域，促进了社会诸多领域的重大变革并取得了重要成就。

大数据技术给学术研究带来了重要影响。一是大数据技术带来的海量数据促进了学术研究的客观性。二是大数据技术带来的海量数据促进学术研究主题多元化和新颖性。三是大数据技术使学术研究获取数据更加精准和有价值，有利于提升学术研究效率和效果。四是大数据技术改变学术研究思维，"大数据技术+"赋能理论与实践研究。

---

① 寻找通往未来的钥匙［N］.人民日报，2013-02-01（23）.

（二）大数据技术对新时代思想政治教育改革创新意义

当今时代网络已经生活化，是人们工作生活必不可少的工具之一。利用大数据技术获取人们工作学习、日常交往和娱乐消费等信息，以此作为了解人们各种思想状况的渠道成为可能。有学者指出，"大数据技术通过人们在生活中留下的各种数据痕迹来重现人的思想，使思想政治教育应用大数据技术成为可能"①。当前利用大数据技术的优势促进新时代思想政治教育改革创新是教育发展的重要趋势，具有重要的现实意义。

1. 大数据技术促进全面、精准地把握学情。对教育对象学情的全面、精准把握是新时代思想政治教育改革创新的基础环节，是实现教育有效性的前提条件。大数据技术的突出特点是能够收集到海量数据。利用大数据技术能够尽可能地收集到全体思想政治教育对象的相关数据资源。而通过对收集到海量数据资源进行分析，有利于全面把握教育对象的知识基础、心理特点、行为模式、价值取向等，为新时代开展思想政治教育改革创新形成了全面学情分析。

一方面，依托大数据技术，建立数据资源库，全面记录和动态跟踪目标教育对象及其行为轨迹，对教育对象信息资源进行精准收集。另一方面，构建量化指标体系，利用收集到的教育对象外部环境信息以及思想政治教育信息，在大数据平台上归纳评估，形成教育对象行为特征以及思想状况的识别指标，以确保对思想政治教育对象精准分析。所以大数据技术有利于教育者精准地掌握教育对象的思想状况、思想变化和需求，促进精准思想政治教育的有效开展。

---

① 常宴会. 论思想政治教育应用大数据技术的理论基础和前景 ［J］. 马克思主义理论学科研究，2020，6（6）：131-138.

2. 大数据技术促进教育内容精准供给。对教育内容精准供给是新时代思想政治教育改革创新的核心环节，是实现教育有效性的决定性因素。由于每个教育对象都具有个性差异，对感兴趣的思想政治教育内容会存在一定的差异性。所以，对教学对象的内容供给不能千篇一律，而是要做到精准供给。只有做到这样才能确保教育实效性的实现。利用大数据技术对教育对象行为轨迹进行综合处理和相关分析，能有效地掌握教学对象的学习内容偏好。新时代思想政治教育改革创新要利用大数据技术充分掌握教育对象的既往内容需求以及潜在内容需求，实现教育内容的精准供给以及精准推送。当然，这种"投其所好"是建立在教育内容始终具有政治性、科学性、思想性的基础之上的，而不能够只是无原则地迎合学习对象的特性。

3. 大数据技术促进教育模式创新升级。对教育模式的创新升级是新时代思想政治教育改革创新的关键环节，是实现教育有效性的关键性因素。一是大数据技术有利于新时代思想政治教育走向精准化，突出"以生为本""人文关怀"的教育模式，把教育对象置于中心地位。二是大数据技术有利于提升新时代思想政治教育的针对性，使传统偏重于"大水漫灌"的理论说教转向"精细浇灌"的素质养成。三是大数据技术有利于新时代思想政治教育建立自主学习模式，让教育对象通过线上学习来获取更多的相关学习资源。四是大数据技术有利于增强新时代思想政治教育协作性。在传统思想政治教育模式中，教师通常是单兵作战，即组成一个团队其作用范围都是相当有限的。而大数据技术的使用推动了新时代教师获取信息资源途径的多样性，教学资源的共享性，超越了过往教学的时空界限，促进了协作性教学的形成。

4. 大数据技术促进教育评价有效地开展。对教育效果的评价是新时代思想政治教育改革创新中不可或缺的一环，是实现教育有效性的重要条件。传统思想政治教育效果的评价手段缺乏多元性，评价方法缺乏科学性，评价过程缺乏动态性，评价结果缺乏数据的支撑性，存在经验性、静态性和模糊性等特性的偏差。这导致教育反思不够深刻，教育改革缺乏针对性。而利用大数据技术的优势，可以全面收集和分析教育对象的行为数据，全面掌握教育对象的思想行为特征和变化规律，可以精准、客观、实时、动态、有效地开展思想政治教育评价，深入掌握教育对象的学习效果。大数据技术条件下以定性评价和定量评价为主体，开展多途径、多层次、多样性的教育评价过程，增强了思想政治教育效果评价的真实性、有效性和准确性，保障了教育反思与改进。

（三）大数据技术背景下新时代思想政治教育改革创新路径

当前，虽然人们使用大数据技术具有诸多便利条件，但是大数据使用中也存在不可忽视的问题，例如，海量数据导致鉴别和筛选困难、采集精细数据要求有较高技术素养、"大数据技术+"存在"两张皮"等情况。因而大数据技术赋能新时代思想政治教育改革创新要探索合适路径，实现从"应然"向"实然"转变的良好效果。

1. 要构建新时代思想政治教育大数据网络资源平台。网络资源平台是人们进行网络生活的重要场域，是大数据存在的基础。运用大数据技术首先要打造融合数据收集、软件开发、数据分析、数据处理、网络教学以及网络预警等多功能于一体的大数据网络资源平台。在网络资源平台应用中，一是思想政治教育主体要发挥引领作用，维护网络资源平台的良性运行，净化网络杂音、营造风清气正的网络资源平台环境；二是思想政治教育主体要准确收集、统计、分析数据，把握大数据背景蕴含的规律，及时了解教育对象的心理问题和思想动态；三是思想政治教育主体要充分利用网络资源平台，通过内容推送、设置议题、问题讨论等方式，引导社会舆情朝着正确的方向发展，构建健康网络文化圈，对教育对象开展隐性思想政治教育。

2. 要培养新时代思想政治教育运用大数据思维的能力。一是新时代思想政治教育要重视大数据技术，深刻理解大数据技术优势，了解其对加强和改革思想政治教育的作用和意义。二是新时代思想政治教育要善于利用大数据资源，要从机械思维向大数据思维转化，促进大数据资源平台建设以及利用大数据资源进行学情分析、掌控教学过程、开展教学评价等行为。三是新时代思想政治教育要有效地应用大数据，运用大数据的数据化思维方式，通过全员、全方位、全过程的数据跟踪和收集，发挥其精准性、及时性的优势，开展精准有效的思想政治教育。四是新时代思想政治教育要加强教育主体运用大数据技术的能力，开展技术学习和技术培训活动，加强数据采集、软件使用、数据处理、数据共享、网络平台管理等能力的培养，使教育主体能有效地应用大数据技术。

3. 要构建新时代思想政治教育运用大数据机制。一是构建新时代思想政治教育大数据收集机制，形成有效的收集渠道，对收集到的数据去伪存真，进行有效的储存。二是构建新时代思想政治教育大数据增值服务机制，思想政治教育主要依托大数据技术，及时采集学生的上课出勤情况、进入图书馆的时长及各阶段的学习成绩，及时掌握教育对象的行为和思想动态。三是构建新时代思想政治教育的预测研判机制，思想政治教育主体可以利用大数据技术，对教育对象在网络学习平台、网络社交平台等平台的相关信息进行分析，预测研判教育对象的学习需要和心理状况，有效地供给教育内容，选择教学方法。四是构建新时代思想政治教育的评价机制，教育主体对收集的数据进行有效的分析，研判教学效果，及时做出反馈与评价，形成改进后的教学方案。

五、人工智能发展与新时代思想政治教育改革创新

人工智能发展是引领新一轮科技革命和产业变革的重要驱动力，正在深刻地改变着人类生存和发展的境遇，"人工智能+"的智能型社会正在塑造和形成。习近平总书记指出，要"高度重视人工智能对教育的深刻影响，积极推动人工智能和教育深度融合，促进教育变革创新①"。新时代思想政治教育改革创新要紧贴社会变革，利用人工智能发展的优势力量实现教育的有效性。

（一）人工智能概述

"人工智能"的英文表述是"Artificial Intelligence"，简称为"AI"。1956 年在美国达特茅斯学院举办的"如何用机器模拟人的智能"研讨会首次提出了"人工智能"的概念，这标志着人工智能学科的诞生。UNICEF（联合国儿童基金会）将"人工智能"定义为："人工智能是指能够根据人类设定的一系列目标，做出影响现实或虚拟环境的预测、建议或决定的机器系统。"② 伴随着科学技术发展，人工智能的形成演化经历了层层递进的演化过程，其起于互联网，经过大数据，最终发展到了现在人工智能的形态。人类对技术发展的追求不会停步，人工智能形态将会更进一步地深入发展。

人工智能在本质上是一种技术形态，它具有以下四方面的特征：一是人工智能需要依靠大数据技术的支撑，要以先进芯片的计算力作为保障力量；二是人工智能能让机器完成人类不能胜任或者不愿意承担的工作，拓宽了人类的认知范围和活动空间，增强了人类认识世界和改造世

---

① 习近平向国际人工智能与教育大会致贺信［N］. 中国卫生信息管理杂志, 2019, 16 (3)：247.

② UNICEF. Policy guidance on AI for children ［EB/OL］. (2021-11-01).

界的能力；三是人工智能实质是计算机程序，它能够高度模仿人类的思考方式和行为方式；四是人工智能是会学习的计算机程序，它依据对环境的感知，做出合理的判断，采取合理的行动，以获取最大收益。人工智能迅速发展，在社会诸多领域广泛应用，形成"人工智能+"的社会发展趋势。当前"人工智能+教育"已经不断地实现深度融合，取得了良好效果。

（二）人工智能发展对新时代思想政治教育改革创新意义

人工智能发展为教育提供了更多辅助手段。有学者指出："在教育界相继发展出智能化教学、智能化校园、智能化考试评价、智能化统筹管理与决策。"① 人工智能发展与人的日常生活，特别是与教育改革的关系越来越紧密，新时代思想政治教育改革创新要利用人工智能发展机遇，切实提高教育实效性。

1. 人工智能发展有利于改革创新新时代思想政治教育环境。人工智能发展推动教育生态的变革。一是人工智能发展有利于新时代思想政治教育的改革创新学习模式，使虚拟教学、仿真教学、人机互动成为教学新常态；二是人工智能发展有利于促进新时代思想政治教育课堂变革，改善传统教室的学习方式和学习环境，实现师生之间、生生之间、生机之间的互动，为思想政治教育提供智能化教育环境；三是有利于促进新时代思想政治教育的课外学习，运用虚拟手段，打破现有的场域限制和时间限制，及时地调整思想政治教育结构，丰富思想政治教育内容，同时支持学习者移动学习、学生个性化学习和课外研究泛化学习等学习方式。

2. 人工智能发展有利于突出新时代思想政治教育对象的中心地位。

① 宋岭 . 人工智能时代下未来教学的系统性变革 [J]. 高等理科教育，2018（3）：8-14.

人工智能发展促进教育者与受教育者主体地位的转变，即由教育者主权地位向教育对象主权地位的转变。一是人工智能发展使对教育对象的个性认识大大增强，促进依据教育对象个性定制教育内容，有利于公平地对待每一个教育对象，充分尊重每一个教育对象个性化发展。二是人工智能发展使新时代思想政治教育智能化定制成为可能，让课程内容以满足教育对象的需求作为出发点，促进教育对象由"要我学"向"我要学"的心态转变，有利于激发教育对象主动性。三是人工智能发展能调动学生主观能动性。在人工智能背景下，教育对象可以依据个人偏好自主地选择和订阅课程内容，教育对象的自由发展空间大大加强。

3. 人工智能发展有利于增加新时代思想政治教育的亲和力。新时代思想政治教育的亲和力是指思想政治教育具有吸引教育对象亲近的能力。人工智能的特质促进新时代思想政治教育亲和力的增加。一是人工智能发展促进教育主体使用智能化手段，不仅有利于教育主体改进教育方法，而且有利于增进师生的交流互动，从而加强思想政治教育主体的亲和力。二是人工智能发展促进思想政治教育过程智能化，有利于避免"满堂灌"教育方法的发生，从而加强思想政治教育过程的亲和力。三是人工智能发展促进思想政治教育内容更加形象生动，更贴近学生实际，更适合学生的认知特点，从而加强思想政治教育内容的亲和力。四是人工智能发展促进思想政治教育评价的客观公正，增强教育对象对评价结果的认可度，从而加强思想政治教育评价的亲和力。

4. 人工智能化发展有利于提高新时代思想政治教育效能。一是人工智能发展促进新时代思想政治教育线上与线下教学融合，教育主体要完成的一些简单、繁杂的内容将由人工智能承担，例如，举行线上考试，由人的监考转变成为"云"监考，由人的改卷转变成为"机"改卷，大大提高了教师的工作效率。二是人工智能发展将为新时代思想政治教育带来更多虚拟仿真场景，例如，虚拟中国共产党建党、红军走长征路、革命战场枪林弹雨等场景，使教育对象获得多感官投入的沉浸式学习体验，有利于提高学习效果。三是人工智能发展将更加全面准确地记录教育对象学习全过程，掌握教育对象学习状况，全面提高教育诊断的效率与效果。

（三）人工智能发展背景下新时代思想政治教育改革创新路径

当前人工智能发展是促进新时代思想政治教育改革创新的重要驱动力。人工智能与思想政治教育深度融合将有利于全面改革创新思想政治教育载体、方法等，提升思想政治教育亲和力，推动思想政治教育精准化。改革创新的步伐需要不断地推进，新时代需要更加深入地促进人工智能与思想政治教育的深度融合。

1. 全面加强"数字马院"建设。新时代思想政治教育改革创新要以高校为引领，加强"数字马院"建设。"数字马院是数字化情境下基于大数据、云计算等前沿技术构建的马克思主义学院运行方式和马克思主义理论教育新形态。"①"数字马院"体现出信息技术对思想政治教育的支撑作用，是人工智能与思想政治教育深度融合的主要阵地。为了适应人工智能发展，数字马院建设要强化推进大数据、云计算等前沿技术的支撑作用。一是要加强大数据硬软件设施建设，努力打造教师数字化应用平台、学生数字化应用平台以及马克思主义学院数字化管理平台等，人工智能与思想政治教育融合奠定了硬件基础。二是保持数字化平台及时维护与更新。当前大数据、云计算等前沿技术日新月异，"数字马院"的各类平台必须紧跟时代不断更新、保持高效运作态势，始终

---

① 周良发，韩剑尘，吴雨寒．数字马院建设的时代价值、推进策略与保障机制［J］．煤炭高等教育，2022，40（1）：82-88.

保持人工智能与思想政治教育融合的前沿性。三是加强思想政治教育数字化人才培养。要加强思想政治教育队伍大数据技术教育培训，帮助教师更全面深入地了解人工智能的技术优势、发展历程、体系结构、运行逻辑和未来趋势，进而能够熟练地运用相关的人工智能技术。

2. 构建沉浸式学习场景。利用人工智能构建沉浸式学习场景，使新时代思想政治教育"活起来"。一是利用人工智能技术，将与新时代思想政治教育核心教育内容相关的人物、事件、场景等用虚拟技术构造出来，打造全方位沉浸式的"云学习"场景。二是思想政治教育课堂中利用 VR、AR 技术等新兴科学技术，让受教育对象利用可穿戴设备搭建进入虚拟仿真课堂，让教育对象沉浸于生动形象的学习场景，有效地进行情景化教学实践活动。三是利用人工智能技术，整合、筛选与思想政治教育内容高度契合的视频、图片等网络媒体资源，用生动的素材支撑思想政治教育的有效教学。

3. 将人工智能全面融入教育实施全过程。教育实施是全面贯彻教育理念，追求教育目标，落实教育行动的过程，是实现教育有效性的根本举措。在教育准备阶段，要善于运用人工智能手段，对教育对象的各种情况客观理性地分析，制订教育方案，精准地确定教育内容供给。在教育实施阶段，要善于运用人工智能手段，将教材体系转化成教学体系，构建贴近教育对象的教学模式，打造充满活力的课堂教育体系，激发教育对象学习的内在驱动力。在教育评价阶段，依托智能技术手段，制定指标合理、方法科学的评价体系，进行全面的教育评价。同时，要及时反馈教育评估结果，既要为教育对象提供最优的学习路径，也要及时地提醒教育者调整教育方案。

参考文献

一、马克思主义经典著作、党的文献类

［1］中共中央马克思恩格斯列宁斯大林著作编译局. 马克思恩格斯选集：第 1 卷［M］. 北京：人民出版社，2012.

［2］中共中央马克思恩格斯列宁斯大林著作编译局. 马克思恩格斯选集：第 2 卷［M］. 北京：人民出版社，2012.

［3］中共中央马克思恩格斯列宁斯大林著作编译局. 马克思恩格斯选集：第 3 卷［M］. 北京：人民出版社，2012.

［4］中共中央马克思恩格斯列宁斯大林著作编译局. 马克思恩格斯选集：第 4 卷［M］. 北京：人民出版社，2012.

［5］马克思，恩格斯. 德意志意识形态［M］. 北京：人民出版社，2005.

［6］马克思，恩格斯. 马克思恩格斯论文学与艺术：第 1 卷［M］. 陆梅林，译. 北京：人民文学出版社，1982.

［7］中共中央马克思恩格斯列宁斯大林著作编译局. 列宁选集：第 1 卷［M］. 北京：人民出版社，2012.

［8］中共中央马克思恩格斯列宁斯大林著作编译局. 列宁选集：第

2 卷 [M]. 北京：人民出版社，2012.

[9] 中共中央马克思恩格斯列宁斯大林著作编译局. 列宁选集：第
3 卷 [M]. 北京：人民出版社，2012.

[10] 中共中央马克思恩格斯列宁斯大林著作编译局. 列宁选集：
第 4 卷 [M]. 北京：人民出版社，2012.

[11] 毛泽东. 毛泽东选集：第 1 卷 [M]. 北京：人民出版
社，1991.

[12] 毛泽东. 毛泽东选集：第 2 卷 [M]. 北京：人民出版
社，1991.

[13] 毛泽东. 毛泽东选集：第 3 卷 [M]. 北京：人民出版
社，1991.

[14] 毛泽东. 毛泽东选集：第 4 卷 [M]. 北京：人民出版
社，1991.

[15] 中共中央文献研究室. 中共中央文献研究室. 周恩来早期文
集：下卷 [M]. 北京：中央文献出版社，天津：南开大学出版
社，1998.

[16] 中共中央文献编辑委员会. 周恩来选集：上卷 [M]. 北京：
人民出版社，1980.

[17] 中共中央文献编辑委员会. 刘少奇选集：上卷 [M]. 北京：
人民出版社，1991.

[18] 中共中央文献编辑委员会. 邓小平文选：第 1 卷 [M]. 北
京：人民出版社，1989.

[19] 中共中央文献编辑委员会. 邓小平文选：第 2 卷 [M]. 北
京：人民出版社，1991.

[20] 中共中央文献编辑委员会. 邓小平文选：第 3 卷 [M]. 北

京：人民出版社，1993.

［21］中共中央文献研究室．邓小平年谱（1975-1977）［M］.北京：中央文献出版社，1998.

［22］习近平．习近平谈治国理政：第1卷［M］.北京：外文出版社，2014.

［23］习近平．习近平谈治国理政：第2卷［M］.北京：外文出版社，2017.

［24］习近平．习近平谈治国理政：第3卷［M］.北京：外文出版社，2020.

［25］习近平．习近平谈治国理政：第4卷［M］.北京：外文出版社，2022.

［26］中共中央宣传部．习近平新时代中国特色社会主义思想学习纲要［M］.北京：学习出版社、人民出版社，2019.

［27］习近平．在北京大学师生座谈会上的讲话［M］.北京：人民出版社，2018.

［28］中共中央党史研究室．中国共产党史：第1卷（1921-1949，下册）［M］.北京：中共党史出版社，2011.

［29］中共中央党史研究室．中国共产党史：第2卷（1949-1978，上册）［M］.北京：中共党史出版社，2011.

［30］中共中央文献研究室．建党以来重要文献选编（1921-1949）（第十五册）［M］.北京：中央文献出版社，2011.

［31］中共中央党史研究室．中国共产党史：第1卷（1921-1949，下册）［M］.北京：中共党史出版社，2011.

［32］中央档案馆，中共中央文献研究室．中共中央文件选集（第十二册）［M］.北京：中共中央党校出版社，1991.

［33］中共中央文献研究室．十四大以来重要文献选编（下）［M］．北京：人民出版社，1999.

［34］中央宣传部办公厅．党的宣传工作文献选编［M］．北京：中共中央党校出版社，1994.

［35］中共中央文献研究室．十三大以来重要文献选编（上）［M］．北京：中央文献出版社，2011.

［36］中共中央文献研究室．十八大以来重要文献选编（下）［M］．北京：中央文献出版社，2018.

［37］胡锦涛．高举中国特色社会主义伟大旗帜 为夺取全面建设小康社会新胜利而奋斗［M］．北京：人民出版社，2007.

二、其他著作

［1］冯刚．思想政治教育学学科发展新论域［M］广州：中山大学出版社，2022.

［2］王学俭．新时代思想政治教育基本问题研究［M］．北京：人民出版社，2021.

［3］徐志远．现代思想政治教育学基本范畴及其体系构建研究［M］．北京：人民出版社，2022.

［4］冯刚，彭庆红，佘双好，等．新时代高校思想政治教育学原理［M］．北京：人民出版社，2022.

［5］郑永廷．思想政治教育方法论［M］．北京：高等教育出版社，2022.

［6］项久雨．思想政治教育方法导论［M］．武汉：武汉大学出版社，2021.

［7］张耀灿，郑永廷，刘书林，等．现代思想政治教育学［M］．

北京：人民出版社，2001.

[8] 孙爱春，牛余凤 . 思想政治教育原理与方法［M］. 北京：光明日报出版社，2018.

[9] 邱伟光 . 思想政治教育学概论［M］. 天津：天津人民出版社，1988.

[10] 孙喜亭 . 教育原理［M］. 北京：北京师范大学出版社，1993.

[11] 李秀林，王于，李谁春 . 辩证唯物主义和历史唯物主义原理［M］. 北京：中国人民大学出版社，2004.

[12] 教育部思想政治工作司 . 大学生思想政治教育理论与实践［M］. 北京：高等教育出版社，2009.

[13] 郑永廷 . 社会主义意识形态研究［M］. 广州：中山大学出版社，1999.

[14] 沈壮海 . 思想政治教育有效性研究［M］. 武汉：武汉大学出版社，2016.

[15] 古人伏 . 德育实效性研究与实践［M］. 北京：中国建材工业出版社，1999.

[16] 苏振芳 . 思想政治教育学［M］. 北京：社会科学文献出版社，2006.

[17] 郑永廷，刘书林，沈壮海 . 思想政治教育原理［M］. 北京：高等教育出版社，2016.

[18] 汤一介 . 中国传统文化的特质［M］. 上海：上海教育出版社，2019.

[19] 汉斯-格奥尔格·加达默尔 . 哲学解释学［M］. 夏镇平，宋建平，译 . 上海：上海译文出版社，1994.

[20] 埃德加·斯诺 . 西行漫记［M］. 董乐山，译 . 北京：东方出

版社，2010.

三、期刊论文

［1］魏志奇．世界百年未有之大变局下的意识形态风险及其防范
［J］．马克思主义研究，2022（7）.

［2］翟梦佳．思想政治教育有效性研究综述［J］.哈尔滨学院学
报，2020，41（11）.

［3］王金存．试论马克思主义的时代观［J］.高校理论战线，2005
（4）.

［4］倪愫襄．思想政治教育概念的历史演进［J］.思想教育研究，
2012（11）.

［5］易艳华．论"思想政治教育"概念的内涵发展［J］.九江学
院学报（哲学社会科学版），2010，29（2）.

［6］史宏波，谭帅男．"思想政治教育"概念重述与研究范式的转
向［J］.思想教育研究，2021（10）.

［7］王立仁，姚菁菁．思想政治教育的内涵解读［J］.吉林师范大
学学报（人文社会科学版），2016，44（3）.

［8］罗仲尤，刘克利．思想政治教育意识形态属性探析［J］.思想
理论教育导刊，2013（10）.

［9］林伯海，周至涯．思想政治教育主体及其主体性的要素构成
新探［J］.思想教育研究，2011（2）.

［10］邵献平．思想政治教育中介的特征及其构成要素［J］.郑州
航空工业管理学院学报（社会科学版），2006（1）.

［11］张世贵．思想政治教育中介价值探析［J］.学校党建与思想
教育，2003（5）.

［12］赵冶.从"简单说明"到系统"灌输":列宁"灌输论"形成分析［J］.马克思主义理论学科研究,2022(1).

［13］史宏波.论思想政治教育理论的解释力［J］.马克思主义理论学科研究,2022,8(11).

［14］周志懿.媒体竞争:传播力制胜［J］.传媒,2006(8).

［15］徐习军.试论思想政治教育影响力的加强［J］.湖湘论坛,2004(3).

［16］李鹏,李帆.论"世界处于百年未有之大变局"的表现、困境与根源［J］.岭南学刊,2021(5).

［17］尤国珍.百年未有之大变局下的意识形态建设［J］.观察与思考,2022(2).

［18］刘睿,黄金金.世界百年未有之大变局下大学生爱国主义教育探究［J］.学校党建与思想教育,2022(24).

［19］张远向,苏鹏,贾希望.社会思潮多元化背景下推进全面从严治党的路径探索［J］.长春市委党校学报,2019(6).

［20］蒋玉,葛士华.思政课教学话语的困境及消解之路［J］.中学政治教学参考,2021(23).

［21］夏永林."大思政课"内涵的多维探讨［J］.思想理论教育导刊,2021(8).

［22］中国教科院教育质量标准研究课题组.教育质量国家标准及其制定［J］.教育研究,2013(6).

［23］孙梦婵,杨威.论新时代思想政治教育载体的新发展［J］.思想政治教育研究,2018,34(3).

［24］李薇薇.简析影响思想政治教育方法创新的三个层面［J］.思想教育研究,2012(7).

[25] 赵灯峰, 周俊强. 思想政治教育主体意义论纲 [J]. 苏州科技大学学报（社会科学版）, 2020 (1).

[26] 黄友初. 教师专业素养：内涵、构成要素与提升路径 [J]. 教育科学, 2019, 35 (3).

[27] 马桂霞. 高职院校教师创新能力的概念及提升意义 [J]. 改革与开放, 2011 (18).

[28] 渠彦超. 论思想政治教育对象的主体性及其开发路径 [J]. 重庆科技学院学报（社会科学版）, 2012 (19).

[29] 夏风云, 王立慧, 熊芳苑新时代高校学生思想政治教育介体联动机制探析 [J]. 河南教育（高等教育）. 2022 (05).

[30] 新华社. 习近平主持召开中央网络安全和信息化领导小组第一次会议强调 总体布局 统筹各方创新发展 努力把我国建设成为网络强国 [J]. 保密科学技术, 2014 (2).

[31] 毕红梅, 付林溪. 新媒体语境下高校思想政治教育话语转换探析 [J]. 思想教育研究, 2015 (5).

[32] 项敬尧. 论坚定思想政治教育政治性的三重向度 [J]. 教学与研究, 2019 (2).

[33] 王永友, 董承婷. 高校文化育人质量的出场语境：概念、要素及评价 [J]. 思想政治教育研究, 2021 (1).

[34] 李辉. "以文化人"的价值论思考 [J]. 思想教育研究, 2015 (11).

[35] 余胜泉, 毛芳. 非正式学习——E-Learning 研究与实践的新领域 [J]. 电化教育研究, 2005 (10).

[36] 习近平在中共中央政治局第二次集体学习时强调审时度势精心谋划超前布局力争主动 实施国家大数据战略加快建设数字中国 [J].

实践（思想理论版），2017（12）.

　　[37] 常宴会. 论思想政治教育应用大数据技术的理论基础和前景 [J]. 马克思主义理论学科研究，2020，6（6）.

　　[38] 宋岭. 人工智能时代下未来教学的系统性变革 [J]. 高等理科教育，2018（3）.

　　[39] 周良发，韩剑尘，吴雨寒. 数字马院建设的时代价值、推进策略与保障机制 [J]. 煤炭高等教育，2022，40（1）.

四、硕士、博士学位论文

　　[1] 周强. 列宁著作汉译过程中的概念意义再生产研究 [D]: 桂林：广西师范大学，2022.

　　[2] 时胜利. 苏联时期思想政治教育实效性研究 [D]. 西安：西北工业大学，2015.

　　[3] 刘霖芳. 教育变革背景下幼儿园园长领导力研究 [D]. 长春：东北师范大学，2015.

　　[4] 展伟. 思想政治教育公共空间研究 [D]. 南京：南京师范大学，2017.

　　[5] 周光玲. 新媒体"轻传播"环境下大学生思想政治教育有效性研究 [D]. 南京：江西财经大学，2022.

　　[6] 杨波. 思想政治教育话语有效性研究 [D]. 大连：大连理工大学，2021.

　　[7] 卓成霞. 思想政治教育有效性视阈下我国服务型政府建设研究 [D]. 苏州：苏州大学，2020.

　　[8] 贺光明. 心理学视域下大学生思想政治教育有效性研究 [D]. 长沙：湖南大学，2019.

[9] 季惠斌. 大学生思想政治教育常态化发展研究 [D]. 长春：东北师范大学，2017.

[10] 舒婷婷. 法治视野下思想政治教育研究 [D]. 南京：南京师范大学，2017.

[11] 赵岩. 批判实在论视角下的思想政治教育研究 [D]. 哈尔滨：哈尔滨工程大学，2017.

[12] 郭勤艺. 思想政治教育传统文化资源开发研究 [D]. 武汉：武汉大学，2016.

[13] 任艳妮. 大众传媒环境下大学生思想政治教育传播有效性研究 [D]. 西安：西北工业大学，2015.

[14] 刘立华. 教育自觉视阈下的思想政治教育研究 [D]. 苏州：苏州大学，2014.

[15] 李昊婷. 学习论视域下思想政治教育有效性研究 [D]. 哈尔滨：哈尔滨工程大学，2014.

[16] 史姗姗. 思想政治教育话语权研究 [D]. 武汉：武汉大学，2014.

[17] 徐瑾. 大学生思想政治教育的说服传播研究 [D]. 上海：复旦大学，2013.

[18] 袁晓妹. 人性自由视域中的思想政治教育研究 [D]. 上海：上海大学，2012.

后　记

　　本书是 2021 年度教育部高校思想政治理论课教师研究专项：价值旨归·重构升维：碎片化学习背景下高校思想政治理论课应对策略研究（21SZK10862002）；2023 年度广东省高校思想政治教育课题：中国式现代化视阈下高校思想政治教育促进大学生精神富有研究（2023GXSZ141）；2021 年广东教育科学规划课题（高等教育专项）：习近平新时代文化育人重要思想研究（2021GXJK042）；广东省教育科学"十三五"规划 2020 年度项目："融""荣"与共 照鉴未来——港澳大学生新时代爱国主义教育的路径与机制创新研究（2020GXJK270）的相关研究成果。自项目立项以来，笔者在理论和实践等维度展开了很多探索，对增强新时代思想政治教育有效性形成了一定的新认识、新想法，最终把它们转化为文字，写成本书。

　　新时代我国发生了伟大变革并取得了伟大成就，思想政治教育事业发展是机遇与挑战并存，亟须增强有效性。本书围绕"如何更好地实现新时代思想政治教育有效性？"的中心问题进行研究，从"基础论域""历史论域""现实论域""本质论域""方法论域""时代论域"等维度展开了比较系统和深入地研究。本书每一章都把所反映的主旨以"论域"的形式进行了概括，并且以此为中心展开了具体论述，体现出一定的体例创新性。本书的写作以中国共产党思想政治教育发展的历史经验作为基础，深入把握思想政治教育发展的本质规律，着眼于解决影响新时代思想政治教育有效性实现的主要问题，形成了新时代思想政治教育有效性实现路径，探讨了新时代思想政治教育改革创新的主要方向以及相关问题，内容体现出了一定的创新性。

新时代思想政治教育有效性研究是一项系统而又复杂的工程，涉及经济、政治、文化、科技、教育、历史、人类发展等方面，需要研究的问题也比较多。因此在本书的写作过程中，笔者参考了大量的论文和著作，吸收和借鉴了许多专家和学者的研究成果，在此对他们表示衷心的感谢。正是他们的努力付出才让本书的写作具备了重要条件。

在本书写作完成之际，本人既有兴奋的感觉，又有忐忑的情绪。兴奋的是，一本要出版的书就像怀胎十月的婴儿即将面世一般，很是让人期待；自己长时间的辛勤付出有了回报，自己的思想从一字一句转化成了厚厚的一本书，让人很激动。忐忑的是，自己的学术水平有限，本书的研究并不算多么深入和精彩；加之本书的写作较为匆忙，难免会有不少错漏之处。因此，笔者真诚地希望广大专家学者批评指正。

感谢家人对本人写作工作的支持。我利用大量假期以及周末的时间来完成写作计划，缺少了对家人特别是对两个小孩子的陪伴，深感愧疚。感谢广东水利电力职业技术学院领导和同事的支持，特别是林冬妹教授、温雪秋老师的帮助与鼓励。感谢所有为本书的写作、出版提供直接或间接帮助的单位和个人。

2023 年 5 月 5 日于广州从化